# 몽골 동부지역의
# 고대문화를 찾아서

**복기대 지음**

## 몽골 동부지역의 고대문화를 찾아서

지은이 | 복기대
펴낸이 | 최병식
펴낸날 | 2016년 11월 30일
펴낸곳 | 주류성출판사  www.juluesung.co.kr
　　　　서울특별시 서초구 강남대로 435 주류성빌딩 15층
　　　　TEL | 02-3481-1024(대표전화)·FAX | 02-3482-0656
　　　　e-mail | juluesung@daum.net

값 19,000원
잘못된 책은 교환해 드립니다.
ISBN  978-89-6246-297-5  93910

이 저서는 2012년 정부재원(교육부 학술연구지원사업비)으로
한국학중앙연구원 지원에 의하여 연구되었음(AKS-2010-AGC-2101)

# 몽골 동부지역의
# 고대문화를 찾아서

**복기대 지음**

주류성

# 목 차

## 부록

# I. 머리말

# I
# 머리말

한국 사람을 흔히 한민족이라 부른다. 그러나 한민족이란 단어에 대한 정의와 기원은 분명하지 않다. 그럼에도 불구하고 이 한민족의 기원과 발전과정에 관한 관심과 연구는 역사학이라는 범주에서 꾸준하게 이어지고 있다. 모든 학문이 그렇듯이 한민족관련 연구도 많은 의견들이 나왔고, 그 의견들 중 가능성이 있어 보이는 것들은 여러 학자들이 참여하여 많은 논쟁을 하면서 연구가 진행되었다. 이런 연구의 갈래를 크게 나눠보면 지역적으로 한민족의 기원지는 한반도의 평양, 중국의 요서, 그리고 러시아의 바이칼호 부근이 유력한 지역으로 거론되었다. 이 세 지역은 1990년대 들면서 강한 논쟁이 붙었다. 그중 바이칼호 유역은 1980년대 러시아와 1990년대 중국과의 길이 열리면서 많은 관심을 받게 되었다. 이 설이 한국학계에 구체적으로 제기되기 시작한 것은 1960년대부터 제기되기 시작하여 꾸준하게 이어졌는데, 이 설의 기원은 1920년대부터 제기되었던 러시아학자들의 북아시아고대문화의 기원은 시베리아지역과 깊은 관련이 있다고 생각하면서 그들의 연구결과인 '우랄알타이어계의 퉁구스계통'이라는 견해를 참고로 한 것이다. 이런 학설들은 먼저 제기되었던 러시아에서조차도 회의를 찾지만 한국학계에서는 강한 충격으로 남아 계속 유지되고 있었다. 그러던 차에 한국학계는 정치적으로 러시아와 관계가 좋아지면서 시베리아 문화의 중심지로 생각되었던 바이칼지역에 집중적인 관심을 보이기 시작한 것이다. 더구나 초기 시베리아 연구자들에 의해 한국에 소개된 부리아트 샤만에 관한 사실들은 사라져가는 한국 전통사상과 맥을 같이 한다는 동질감에서 바이칼지역의 고대문화에 더 구체적으로 관심을 갖도록 하는 기폭제가 되었다. 이런 분위기는 한민족형성의 기반은 아주 오래전 현재 러시아 시베리아 영토내에 있는 바이칼호를 중심으로 살았던 사람들이 한민족의 시원이었고, 이들이 점점 동남진을 하여 오늘날 한반도에 이르렀다는 견해이다. 그 증거로 몇 가지가 제시되었다. 그 공통적인 특징은 샤만이 주도하는 종교, 언어, 역사 등등이 유사하다는 것이었는데, 이런 전통은 바이칼호 부근의 브리아트족이 이에 속한다는 것이었다. 이런 가능성이 제기되자 한국학계에서는 오래전부터 전해 내려오던 '한민족북방기원설'과 맞물려 바이칼에 대한 관심이 부쩍 커지면서 바이칼전문 답사단도 꾸려지게 되었다. 그 결과 많은 사람들이 바이칼 지역을 여행하게 되었고, 그 덕분에 해외의 한민족의 기원에 대한 연구의 필요성과 가능성이 크게 대두되었다.

그러던 중 바이칼을 가는 길에 몽골공화국을 경유하면서 가는 팀들도 나타나면서 몽골에 대한 관심도 점점 늘어나기 시작하였다. 그 결과 아주 구체적으로 한민족기원설 중 북방기원설은 '바이칼과 몽골'이라는 벨트가 짜여지게 되었다. 이런 벨트가 짜여 지면서 많은 사람들이 바이칼답사를 해볼 필요가 있다는 설득을 계속하였다. 그러나 글쓴이는 별도로 생각하는 것이 있어서 많은 사람들이 주장하는 바이칼이 한민족기원지라는 견해에 의문이 있었기 때문에 덩달아 시베리아로 가는 것은 문제가 있다고 생각하여 주저하고 있었다. 그럼에도 불구하고 계속 대두되는 시베리아 기원설에 대하여 그냥 넘어 갈 수는 없었다. 왜냐하면 글쓴이는 고조선연구자로 한민족기원관련 계속 제기되는 여러 학설들을 지나치는 것도 온당치 않은 것이고 또 시베리아 지역 민족들이 한민족과 관계가 있을 가능성도 연구를 해봐야 한다는 생각을 하였다.

이런저런 고민을 하던 차에 교육부에서 지원하는 '한민족기원연구' 프로젝트를 진행하게 되었다. 이 과제에서 그동안 계속 논란이 대두되고 있는 한민족시베리아 기원설을 연구해보기로 하였다. 이런 계획을 세우면서 시베리아로 먼저 갈 것인가 아니면 몽골로 먼저 갈 것인가를 고민하다 먼저 몽골을 선택하였다. 왜냐하면 당시 단국대학교 몽골학과 이성규교수의 연결로 몽골고고학자들과 먼저 몽골지역부터 연구를 시작하기로 하였다. 몽골과 연구를 협의하는 과정에서 몽골측은 몽골공화국 서부지역이나 흉노무덤들에 대한 연구를 하고 싶어 했다. 이는 두 가지 방면을 고려하여 제안한 것이다. 첫째, 한국에서 몽골연구를 하러 오면 주로 몽골서부지역을 연구한다는 것이다. 그 이유는 몽골 서부지역이 알타이지역이므로 한민족이 알타이어족이라는 학설 때문인 것으로 이해되었고, 둘째, 몽골에서는 그들의 역사를 연구하기 위해서는 흉노역사를 연구해야 하는데, 몽골서부지역에는 흉노 유적이 많기 때문에 알타이지역을 연구하면서 겸사겸사 그들의 역사를 연구하고자 하는 것이었다. 그러나 글쓴이의 생각은 달랐다. 왜냐하면 만약 한민족의 기원지가 바이칼지역이라면 바이칼에서 시작하여 몽골 동부지역을 경유하여 동남진을 했을 것이기 때문이다. 그러므로 몽골공화국 동쪽 지역연구를 하자고 하였고, 몽골측에서 선뜻 동의하여 연구를

헨티 아이막의 다달 솜. 델룽 볼독에서 조사팀

　시작하게 되었다. 이렇게 시작된 연구가 발굴과 조사를 병행하며 4년이라
는 세월이 지났다. 물론 이 4년 동안 조사한 것은 매년 짧은 여름 한 철이
었는데, 주로 7월에서 8월초까지였다. 이 시기가 아니면 변덕스런 날씨를
감당할 수 없기 때문에 가장 안정적인 이 시기를 택한 것이었다.

　이 기간 동안 몇 유적을 발굴하였고, 이 외에 많은 지역을 답사하기도
하였다. 이 과정에서 몽골측과 많은 마찰도 있었다. 그 마찰은 분명 서로
살아가는 문화의 차이에서 오는 것이지 누구의 고의도 아니었다. 이 마찰
의 가장 큰 원인은 몽골국민들도 몽골학자들도 몽골의 역사를 알고 싶어
한다는 것이었다. 1990년대까지 러시아의 영향권에 있었던 몽골은 그들의
민족사를 모르고 있었다. 러시아지배 70여년 동안 러시아 사회주의 특징은
민족사연구를 철저히 탄압하였고, 그 과정에서 몽골사는 어디론가 자취를

감춰 버린 것이다. 역사의 수레바퀴는 돌고 돌아 90년대 러시아의 혼란으로 몽골에서 러시아가 철수하고 난 후부터 그들의 역사를 찾고자 노력하였다. 그렇기에 몽골역사를 새롭게 쓰는데 중국 역사서인 『사기』 「흉노전」으로, 중국 25사 외국전으로 그들의 역사를 쓰고 있었다. 그렇기에 『원사(元史)』의 주인공이 몽골족이라는 것에 대하여, 북원(北元), 그리고 그 이후의 역사를 모르고 있었다. 뿐만 아니라 모든 문화도 비슷했다. 언어 표기도 그렇고, 지식인이라는 사람들도 러시아가 우선이었다. 지난 세기 36년 동안 일본에 점령당했던 한국과 큰 차이가 없다는 것을 알게 되었다. 마음속으로 꼭 몽골의 역사를 찾는데 도움이 된다면 조그만 일이라도 해주고 싶었다. 그렇기에 한편으로 몽골측과의 마찰을 이겨낼 수도 있었다.

몽골학자들에게 몽골동부지역사 연구에 대한 연구사를 들어봤다. 몽골 동부지역 연구도 많은 문제가 있는 것은 알았다. 몽골학자들과 몽골 동부지역 고대문화를 연구한 결과를 들어본 결과 러시아의 연구는 역사의 흐름에 대한 연구가 아니라 단순한 유적과 유물을 소개하고 보고하는 수준의 연구였다. 절대로 몽골의 역사를 연구하고자 한 것이 아니었다. 이런 상황을 볼 때 몽골동부지역 연구는 새로운 각도에서 연구를 진행해봐야 하는 것이다. 무엇보다도 전체 몽골공화국내에서, 동부, 중부, 서부의 문화는 확연이 다른 것을 알 수 있는데, 이 동부지역의 문화는 중국 내몽고지역이나 만주지역의 문화와도 연결고리가 보인다는 것이다.

이런 당위성이 확보된 후 몽골 동부지역 조사에 대한 구체적인 계획이 세워지기 시작하였다.

먼저 한국, 몽골, 러시아 및 유럽쪽의 몽골고대문화 전문가를 초빙하여 몽골 동부지역을 어떻게 연구할 것인지 학술회의를 열어 의견을 청취하였고, 다른 한편 몽골공화국 수흐바타르 아이막 현지답사도 진행하였다. 이 답사에서 큰 충격을 받았는데, 무엇보다도 한국의 서울 석촌동 고분이나 중국 집안시 고구려 계단식 고분과 같은 무덤들이 곳곳에 산재해 있었다는 것이다. 뿐만 아니라 그 면적이 크지는 않지만 돌로 담을 높이 쌓은 유적들이 간혹 확인되고 있었는데 글쓴이 입장에서는 너무나 큰 충격이었다. 어쩌면 기존의 가설대로 바이칼지역에서 한반도까지 이어질 수 있는 역사의 루트가 확인될지도 모른다는 생각이 들었다. 한국으로 돌아와 구체적으로 조사할 계획을 세우고 바로 연구를 진행하였다.

그 계획이란 연구비가 가능한 부분에서 한 지역을 설정하여 집중적으로 발굴을 하고, 바이칼부터 한반도까지 한민족의 이동경로를 추적해보고자 하였다. 다른 한편 몽골 고고학자들과 현지답사를 통하여 한국학계가 활용할 수 있는 기초적인 자료를 만들어 훗날 이 지역을 연구하는 학자들에게 기초적인 자료를 남겨 놓고자 하였다. 또한 이 지역은 1990년대 단국대학교 한민족학연구소에서 직접 조사와 발굴을 하였기 때문에 이를 바탕으로 활용하고자 하였다.[1]

집중적으로 한 지역을 선정하여 발굴할 지역은 수흐바타르 아이막 다리강가 군을 선정하였다. 그 이유는 사전 조사에서 시대가 다르고, 형식이 다른 무덤들이 집중적으로 분포하고 있고, 동시에 몽골 동부지역에서 가장 유명한 알탄오보가 있는 지역이기 때문이었다. 그리고 그 지역을 중심으로 답사와 조사를 확대해나가는데, 가능한 중국 내몽고지역과 가까운 곳까지 확대해보기로 하였다.

이런 계획하여 매년 여름에 조사를 진행하였다. 해수로 따지면 4년이지만 날 수로 따지면 불과 3개월이 채 안 되는 시간이었다. 그런데 이 시간동

---

1) 한몽학술조사연구협회·몽골과학아카데미: 『한몽공동학술연구』1-4, 1992~1995.

안 실로 많은 경험을 하였다. 몽골 공화국내에서 처음으로 황하유역에서 유행하던 채도를 찾았고, 선사시대 농사를 짓던 지역도 찾았다. 그리고 생각지도 못했던 석성유적과 온돌 주거지도 확인하였고, 주몽의 전설도 채록할 수 있었다. 실로 많은 성과를 거뒀다. 그러면서 또한 사람들이 말하는 초원이라는 것이 이런 거구나! 북방이라는 지역이 이렇구나! 등등 많은 경험을 하였다. 개인적으로는 초원에 대한 낭만적인 생각은 모두 버렸다.

이 글은 위에서 말한바와 같이 몽골 동부지역을 조사한 보고서 형식의 책이다. 처음에는 답사기 형식으로 조사보고서로 발표를 하였다.[2] 그 후 이미 발표된 조사보고서를 토대로 다른 자료들을 모아 글쓴이 나름대로 해석을 해 보면서 글의 내용을 정리하였다. 글쓴이가 봤을 때 전체적으로 이 자료가 성글기는 하다. 그러나 국내에 아직 몽골공화국 동부지역에 대한 소개 자료도 흔치 않은 관계로 이리저리 엮어 앞으로 이 지역을 연구하는 분들에게 조금이라도 도움을 주고자 하는 바람이다. 앞으로 기회가 된다면 좀 더 자세히 연구해보고자 한다.

최근 몽골학계에서 몽골 동부지역에 대한 연구가 서서히 일어나고 있는 상황이었다. 특히 중국 내몽고지역 고대문화연구가 활성화되면서 점점 몽골학계에도 영향을 주고 있는 것으로 보인다. 이런 현상은 몽골학계나 한국학계에게는 매우 다행한 일이다.

이번 조사에서 본인과 울란바타르대학교 에르덴 바타르교수는 4년 동안 전 과정에 참여 하였다. 단국대학교 몽골학과 이성규교수의 큰 도움이

---

2) 이 책은 필자가 참여하여 조사하고 발표한 자료 중 필요한 부분을 많이 활용하였다. 그 자료는 다음과 같다.
이성규·복기대·D.에르덴 바타하르, B.다바체린: 「한국 북방문화와 몽골 동부지역과의 관계성 연구를 위한 2011년 조사 簡報」 『북방문화연구』, 제2권 제2호, 2011년12월, 단국대학교 북방문화연구소.

있었고, 한양대학교 명예교수 김천호교수, 그리고 몽골 정부문화 유산센터의 다와체린 선생의 도움이 지대하였다. 이외에 한국의 인하대학교 박사과정에 재학중인 김영섭선생과 중국 사회과학원 고고학과 박사과정의 박진호선생의 큰 도움이 있었다.

# II. 몽골동부 지역 개황

# II

# 몽골동부 지역 개황

## 1. 자연적 개황

　조사팀은 "동몽골과 북방문화"라는 프로젝트로 2011년부터 2013년까지 수흐바타르, 도르노드, 헨티 아이막의 지역에서 고고학 발굴 및 답사 등을 진행하였는데 모두 20여 곳의 유적지를 조사하였다. 그러나 도로와 자연적 기후여건과 관련하여 가끔씩은 보려고 계획했던 유적지들의 여정을 줄인 곳도 있었다. 이 지역의 자연적인 개황과 조사를 한 유적들의 대략적인 개요는 아래와 같다.

　먼저 자연지리적인 개요이다.

　몽골동부지역은 우리가 아는 상식인 드넓은 초원이 아니라 상상이 가지 않은 초원이다. 6월에 들어서면 세상이 높은 산 검은 바위를 제외하고는 온통 파릇파릇하게 변하는데 그 끝이 보이질 않는다. 거꾸로 8월 중순이 되면 온 세상이 누렇게 물들고, 9월부터는 온 세상이 하얗게 덮이는 지역이다. 다만 사계절 바람은 끊이지 않았다. 그런데 이렇게 넓은 초원 사람이 사는 곳은 매우 한정되어 있다. 어느 곳은 차로 몇 시간을 달려도 그 흔한 양한마리, 소한마리도 볼 수 없고, 그렇다보니 사람이 사는 겔은 더더욱 볼 수 없는 지역도 많이 있다. 이런 현상은 우리가 흔히 아는 소와 양이 풀을 뜯고 말이 뛰노는 초원이 아니라는 것이다. 그래서 사람이 사는 곳을 찾아 가려면 이러 저리 살피면서 찾아가야 하는데 그렇다고 무턱대고 찾아갈 수는 없어 먼저 물길을 찾아야 한다. 이 이치는 동서고금을 막론하고 마찬가지이만 몽골은 더더욱 그렇다. 왜냐하면 몽골은 초원지대가 발달하였다는 것은 먼저 물이 많이 모자란다는 것을 상징적으로 알려주는 것이므로 물을 찾아 이동하는 경우가 많기 때문에 사람들이 살고 있는 마을을 찾는 것이 여간 힘든 것이 아니다. 이런 현상은 몽골 동부지역은 더더욱 심하였다. 그럼에도 불구하고 그들은 그들 나름대로 약속을 지키며 이웃간에 싸우지 않고 살아가고 있었다.

어렵사리 찾은 몽골 마을들에 들려 보면 손님을 맞은 주인들은 잠깐 동안 경계를 하다가 특이한 행동이 발견되지 않으면 경계를 풀고 반갑게 손님을 맞이한다. 그리고는 정월 초하루처럼 손님을 정성스럽게 대접을 하는데 이런 환대를 받다가 정작 어려운 것은 금새 정이 들어 헤어지기 어렵다는 것이다. 그것은 흔하지 않게 외부인이 찾아 와서 다른 사람과 대화를 하며 기뻤는데, 금새 헤어지면 남아 있는 사람들은 여간 아쉬운 것이 아니기 때문이다. 그래서 만나기도 보다 헤어지기가 더 어려운 것이 몽골 사람들과의 만남이었다.

몽골공화국의 면적은 한반도의 8배 정도인 160만km² 이지만 인구는 300만 내외에 불과하다. 과학이 발달한 지금도 이 정도인데 과거에는 더더

몽골공화국 행정구역도

● Аялалын эхлэл цэг
— Аялалын маршрут

욱 심했을 것이다.[3]

　이런 자연 환경하에 조사단이 몽골역사유적을 찾는 방법은 지금도 사람
들이 사는 곳을 찾아가면 대부분 고대의 흔적들이 남아 있다. 그 이유는 고
대나 지금이나 약간의 차이는 있지만 물길은 계속 이어지고 있기 때문이
다. 고대에 사람들이 살았던 곳에 지금도 살고 있기 때문이다. 그래서 먼저
마을을 확인하고 그 다음 마을 주변에 유적을 찾는 형식으로 유적들을 조
사하였다. 유적들을 조사한 결과 대부분이 돌을 사용한 것들이었다. 돌을

---

3) 그러나 이것은 현대적 개념이고, 고대로 돌아가면 몽골의 개념은 달라진다. 왜냐하면 고대,
즉 적어도 청나라시기에 몽골은 지금의 중국 내몽고지역을 포함하고 있었다. 이 지역은 현
재 몽골공화국보다 기후조건이 훨씬 좋아 몽골의 대부분 역사는 현재 내몽고지역이나 혹
은 그 인접지역에서 발전한 것으로 봐야 하는 것이다. 그러므로 지금의 몽골공화국의 범위
로 몽골의 역사를 이해하면 많은 오해의 소지가 있다. 그렇기 때문에 정확히 몽골의 역사
를 말할 때 어디를 기준으로 삼아야 할지는 먼저 몽골의 역사학자들이 정해줘야 하는 것이
다. 그러나 현재의 입장을 볼 때 몽골공화국의 역사는 현재 몽골로 국한하고 있기 때문에
현재 지역으로 국한하는 것이다.

사용한 무덤들이나, 오보, 그리고 석인상, 바위그림 등등이 대부분이었다. 그런데 문제는 현재 사람들이 살지 않는 곳에서도 적지 않은 유적들이 확인되었다. 이런 현상은 앞서 말한 규율에 어긋나는 것이기도 하다. 그렇다고 현거주지에서 아주 멀리 떨어진 것은 아닌데, 대부분이 2,30km에 위치한다. 이 문제에 대하여 몽골학자들과 토론을 해본 결과 두 가지였다.

첫째, 거주지역과 무덤유적을 서로 달리하였다는 견해이다.

둘째, 언제인지는 모르지만 이 유적들 근처에서 사람들이 살았었다는 것이다.

글쓴이의 생각으로는 아마도 둘째 의견이 맞을 것으로 본다. 왜냐하면 유적들이 남아 있는 지역에 가서 자세히 관찰을 해보면 물이 흘렀던 물길이 남아 있다. 물이 흘렀던 시기에는 이곳에서 사람들이 살았던 것이다. 그런데 언제부터인지 모르지만 가뭄이 들어 물이 완전히 말라버리면서 사람들도 이곳을 떠났고, 그 사람들이 살았던 흔적은 바람으로 날아가고, 불어오는 바람에 의하여 쌓이면서 야트막한 사람의 흔적이 사라진 것이다. 즉 몽골동부지역이 퇴적초원으로 형성되면서 많은 유적들이 땅속에 묻힌 것으로 볼 수 있기 때문이다.[4] 즉 현재 조사한 유적들은 대부분 물길과 관련있다는 것이다.


## 2. 역사적 개요

다음은 역사에 관련한 개요이다.

---

4) 이런 점은 앞으로 고대기후연구결과를 활용하면 많은 문제가 풀릴 수 있을 것으로 본다.

조사팀은 2010년부터 2013년까지 해수로 4년 동안 수흐바타르 아이막을 중심으로 발굴도 하고 조사를 진행하였는데 이곳에서 몽골공화국 내에서 처음으로 신석기시대 농경지를 찾았고, 채회도도 확인하였다. 그리고 다리강가 솜 지역인 허르깅 헌디에 존재하는 석인상들, 에르덴차강 솜의 지역인 중 누흐트의 석인상이 세워진 고분들, 보양 언더르(山) 뒤쪽의 석인상이 세워진 고분들, 중 누흐트강의 석인상이 세워진 고분들, 짜르갈란팅 쉬레의 암각화, 짜르갈란팅 쉬레의 석인상, 도르노드 아이막의 할흐골 솜 지역인 탐삭볼락의 석기시대의 터, 숑흐타왕톨고이의 석인상, 이흐 보르한트(사원), 올랑 강의 성, 세르겔렌 솜 지역에서 갈링 강의 오보 라는 유적지, 칭기즈의 헤르멘잠(언덕)을, 헨티 아이막의 다달 솜 지역에서는 칭기즈칸의 삶과 업적과 관련된 유적지들, 바얀−아드라가 솜의 지역에서 도를릭 나르스의 흉노 고분군, 빈데르 솜의 지역에서 보르볼락깅 암의 흉노 고분, 바

Дорнод аймаг
Сухбаатар аймаг
Хэнтий аймаг

조사단 조사지역 표시도

수호바타르도 툽신시레군 볼깅 에흐의 1호 돕조

수호바타르도 툽신시레군 볼깅 에흐의 1호 돕조

트쉬레트 솜의 지역에서 하쪼 노르의 방형묘, 사슴돌, 어글럭칭 성, 아라샹
하드 등등 약 20여 곳의 유적지를 답사하기로 하였다.

위에서 언급한 아이막과 솜 지역에서 고고학 발굴 조사 팀은 몽골동부
지역의 초기 역사, 문화의 유적지를 답사해 가며, 호수나 산에 올라 그에 얽
힌 전설도 듣고 한편으로 근처의 역사유적과 결부시켜 해석도 해보곤 했다.
대표적으로 강가 호수, 오르기흐의 샘, 토로이 반디상(한국판 홍길동), 실링

서울 석촌동 방형고분

복드(산), 탈링 아고이(초원에 있는 지하동굴), 보이르 호수 등도 찾아가 보았다. 4년동안 조사팀이 조사하는 과정에서 전체적으로 날씨가 좋았다.

우리는 이 보고서에 답사 팀이 진행과정에서 보고 기록한 유적지들의 위치를 설명할 때 사진을 첨부하고, GPS를 통하여 위치를 명확하게 하였다.

조사단이 제일 먼저 조사한 것은 몽골 동부지역에 분포하는 '돕조'라는 것이었다. 이 돕조는 네모꼴 적석무덤으로 우리가 쉽게 이해 할 수 있는 것은 서울 석촌동 고분을 연상하거나 혹은 중국 길림성 집안시 산성하 무덤군에서 많은 적석무덤을 연상하면 큰 차이가 없다.

이런 무덤들은 곳곳에서 많이 확인되었는데 몽골학계에서는 그 연대와 기원에 대해서는 아직 연구된 것이 없었다. 네모꼴 적석무덤도 많이 확인하였는데, 이 무덤들과 돕조의 차이는 돕조는 기단이 높고, 이 무덤들은 기

수흐바타르도 다리강가군 강가 하르 오보 부근 무덤

단이 얕다는 차이가 있었다. 또한 돕조는 하나나 두 개가 존재하는데, 적석 무덤들은 떼를 이루고 있다는 것이다.

그 다음으로 원형 무덤들이 많았다. 이 무덤들은 돌을 쌓아 올린 것이 아니라 돌로 테두리를 두른 것이었다. 이런 무덤들은 크기가 다양하고, 두른 돌들도 크기가 다른 것을 알 수 있다.

몽골의 특징이지만 언덕에 이르면 대부분 오보가 있다.

이 오보는 원형돌무지들인데 처음에 누가 시작하면 지나다니는 사람들이 계속하여 돌을 쌓아 올리는 것을 볼 수 있다. 그러므로 그 연대를 추정하는 것은 어려움이 있었다. 원형무덤과 오보의 차이는 무덤은 평지에 있고, 오보는 언덕이나 산위에 있다는 것이다. 그러나 몽골 풍습으로 볼 때 무덤보다는 오보가 상대적 가치가 훨씬 높다.

오보에 대한 간단한 제례의식

몽골 초원의 석인상

　몽골 동부지역에서 특징적인 것은 석인상들이 많다는 것이다. 이 석인상들의 유래가 어떻게 되는지는 아직 알 수가 없다. 그런데 이곳저곳에 많이 남아 있다는 것이다.

　간혹 어느 석인상은 그 조각솜씨가 매우 뛰어난 것을 볼 수 있는데 글쓴이가 본 것으로 가장 크고 우수한 것은 할힌골에 있었던 것으로 지금은 울란바타르에 있는 국립 몽골박물관으로 옮긴 주몽상이었다.[5] 주몽상이 남아 있는 것으로 보아 몽골동부지역에 있는 석인상들은 아마도 고구려계인들이 남겨 놓은 유산이 아닐까 추측해본다.

　조사하는 과정에서 바위그림도 종종 발견되었는데 주로 짐승을 그린 것이 많았다. 간혹 사람을 그린 것도 있었지만 많지는 않았다. 전체적인 몽골

---

5) 여기서 말하는 주몽은 고구려시조 주몽을 말하는 것으로 들었다.

동부의 상황을 볼 때 선사시대에 그린 것도 있을지 모르나 역사시대에 들어오면 많지 않을 것으로 추측된다.

이밖에도 간혹 사원유적들 답사를 해보았는데 많지는 않았다. 그러나 한 사원은 초원에 저런 거대한 불상들을 조각하였나 할 정도로 대단한 규모의 사원도 있었다. 그리고 몇 기의 사슴돌이 발견되었는데 연구자들은 아마도 이 지역이 사슴돌의 동부한계선이 아닌가 추측했다. 앞으로 더 연구해봐야 할 일이다.

전체적으로 몽골동부지역을 답사해본 결과 지금까지 남아 있는 대부분은 거의 돌로 만든 문화재들이었다. 이런 현상은 무엇보다 앞에서 말한 것처럼 원래 사람들이 살던 유적들이 있었는데 살던 곳에 물길이 마르면서 사람들은 그곳을 떠났고 그곳은 작은 흙먼지들에 쌓여 오늘날은 깊은 곳에서 잠자고 있지 않나 하는 생각이 들었다. 그런 예로 얼마전 다리강가에서 찾은 신석기유적이 이를 말해주고 있다고 볼 수 있다.

예를 들면 우리가 집중적으로 조사를 하였던 다리강가 지역은 80년대만 해도 어느 정도 물이 있어 풀이 무성하게 자랐고, 사람들도 많았다고 하는데 그 자리에는 물이 말랐고 사람들은 거의 떠났다는 현지인들이 증언을 해줬다.

글쓴이가 직접 목격한 것인데 2009년 처음 발굴하던 지역에서 멀지 않은 곳에 큰 호수가 있었다. 매년 현장조사를 하면서 그 호수를 가봤는데 갈수록 물이 줄어들더니 마지막 해에 갔었는데 호수가 1/3로 줄어든 것을 볼 수 있었다. 이런 현상을 볼 때 지금은 전기가 있어 지하수를 사용할 수 있지만 옛날 같으면 모두 떠나야 하는 것이고 떠난 자리는 그저 작은 유적만 남아 있을 것이다. 이런 자연환경이 계속 반복되었다고 볼 때 어떻게 이곳에서 문화가 기원하고 발전하였는지에 대한 것은 다시 생각해봐야 하는 것이다.

# III. 유적개요

# Ⅲ

# 유적개요

조사단이 확인한 몽골동부지역의 역사관련 유적이나 유물들은 매우 다양하다. 그런데 대부분의 유적들은 기록으로 남아 있는 것은 없다. 그러므로 조사단의 임의로 설정을 하였고, 이 글에서는 저자의 판단으로 분류하였다. 이 분류는 신석기시대, 청동기시대, 고대, 요, 금, 몽골시대 등으로 구분하여 정리하였다.

## 1. 신석기시대 유적

### 1) 다리강가군 흔들렁길걸 유적

조사단이 다리강가 와란합찰 유적을 발굴하던 중 이 군의 향토사학자에

게서 와란합찰지역 이외에 다른 지역에서 많은 유물이 발견된다는 제보를 받았다. 이 제보를 받고 조사단은 조사인력의 일부를 제보자의 집으로 파견하여 제보내용의 자초지종을 확인하고 그와 관련한 유물을 확인하였다. 그 제보 내용을 정리하면 다음과 같다. 제보자는 역사에 많은 관심이 있었고, 이 지역에서 오랫동안 교사생활을 하여 많은 사람들을 알고 있었다. 이런 관심과 정보를 받을 수 있는 기반이 된 상태에서 주변지역의 많은 유적들을 답사하였다. 그 중 한 곳이 흔들렁길걸 지역이었다. 이 지역에서 이런저런 유물들이 많이 발견된다는 소식을 듣고 현장을 답사한 결과 몽골내에서 보기 드문 질그릇 조각들을 찾았

다. 이 조각들을 집에 가지고와 한 조각, 한 조각 붙여본 결과 하나의 완정한 그릇이 되었다고 한다. 그러면서 그 주변지역에 많은 석기들이 있었다고 하였다. 이렇게 제보내용을 확인하고 다음날 현장 답사를 시작하였다.

흔들렁길걸은 와란합찰에서 서남쪽에 위치한 유적인데 차로 3시간 정도 떨어진 곳이었다. 이곳으로 가는 도중 곳곳에서 많은 적석무덤들이 확인되었다. 3시간 정도 달려서 도착한 곳은 몽골에서 보기 드문 들판이었고,[6] 이곳에는 하천이 있었는

흔들렁길걸 유적에서 수습한 채회도

6) 몽골은 대부분이 사막이거나 초원이다. 그렇기 때문에 사막이나 초원이 아닌 들판을 보기가 매우 어려운 지역이다. 이런 지역은 하천 옆에 일부 지역에 분포하고 있는 경우가 대부분이다.

데 최근까지 물이 많이 흘렀다고 한다.

주변을 확인해보니 곳곳에 구덩이가 파여져 있고, 그 구덩이 주변으로 질그릇조각, 석기, 세석기들이 흩어져 있었다. 작은 유물들을 수습하고 나서 지역을 넓혀 조사를 진행하였다.

흔들렁길걸 유적에서 수습한 세석기

조사를 진행하는 과정에서 하천의 서쪽 둔덕을 올라가 봤다. 이곳에 오르니 사방을 멀리 볼 수 있는 곳이었다.[7]

흔들렁길걸 농사유적 전경                     흔들렁길걸유적 지층현황

---

7) 몽골지역은 대부분 구릉성 초원지대나 사막지대로 사람들이 생활하는 곳은 주로 뒤에 둔덕을 둔 양지쪽에서 생활을 한다.

흔들렁길걸 농사유적 전경(사진내 두둑이 보인다)

　　이곳에서 전혀 생각지 않은 유구의 흔적들을 확인하였는데 이 지역의
모래를 30~50cm 걷어낸 뒤 그 아래에 있던 진흙층에서 높이 10cm 내외
에 1.5m 간격으로 길게 조성된 흙둑을 발견했다. 높이 10cm, 폭은 밑 부
분이 15cm 정도 되는 삼각형 형태의 둑이 약 1.5m간격으로 남북방향으로
쌓여진 흙둑을 발견하였다. 이런 유구들이 어떤 곳은 겹치는 부분도 있기
도 하였다.

　　이 유구에 대하여 몽골학자들은 이런 유구는 주거지에 바람을 막기 위
한 시설이라 하였다. 글쓴이는 몽골학자들의 의견에 이해가 가지 않았는
데, 만약 바람을 막기 위한 시설이라는 둑이 훨씬 높아야 되며 삼각형 형
태로 만들지 않았을 것이다. 그래서 둑 사이를 촘촘이 확인해본 결과 제작
방법이 전혀 다른 질그릇 조각들이 곳곳에서 발견되었다. 뿐만 아니라 둑
속에서도 질그릇 조각들이 확인되
었다.

　　이런 정황을 봐서는 몽골학자들
이 말하는 바람박이 둑은 아니었
다. 주변지역을 더 확인해본 결과
불을 피운 흔적들을 확인할 수 있
었다. 이 불을 피운 자리는 오랫동

흔들렁길걸 농사유적에서 찾은 질그릇 조각

흔들렁길걸유적내 주거지 흔적(오른편에 화덕의 흔적이 보인다)

흔들렁길걸유적부근에 돌 무덤

흔들렁길걸유적 부근의 물이 흐르던 흔적

안 불을 피운 자리는 아닌 것으로 보였는데 둥근 얕은 움 한가운데에 있었다. 이런 형태는 움집으로 볼 수 있는데 집단으로 이루어져 있었다. 이 안에서 역시 앞서 말한 거와 같은 질그릇 조각들이 확인되었다. 이 집자리들이 둑을 자른 현상이 보이지 않는 것으로 보아 둑과 공존하는 것으로 추측이 되었다.

다른 유구들을 계속확인 해본 결과 다음과 같은 초보적인 결론에 다다를 수가 있었다. 이 지역은 원래 농사를 짓던 지역으로 추정할 수 있다. 그 근거는 앞서 말한 긴 둑의 용도는 밭에 씨를 뿌리고 나서 싹이 트고 떡잎에서 곁잎이 자랄 때까지 농작물을 바람으로부터 보해주는 바람막이 둑이었다. 이때까지 식물이 보호가 되면 아무리 바람이 세게 불어도 식물들은 꺾이지 않고 견뎌낸다. 그러므로 어린 싹을 보해주는 역할을 하는 것이다. 지금도 내몽고지역에서는 이런 방식으로 농사를 짓고 있다. 이런 기후극복 방법이 몽골지역에서도 통용되고 있는 것이다.

연대에 관한 의견이다. 이곳은 정식으로 발굴되거나 혹은 조사된 적이 없는 지역이다. 그러므로 절대연대 측정은 불가능하다. 그렇기 때문에 상대연대 측정을 하는 수밖에 없다. 상대연대를 측정하는 방법은 유물을 통해서만 가능하다. 이곳에서 상대연대 측정이 가능한 유물은 앞서 말한 질그릇인데 이곳에서 수습된 질그릇들 중 완정한 것은 한 점 뿐이다. 이 질그릇은 현재 몽골공화국내에서도 유일한 것으로 확인되었다.

이 유물은 현재 몽골공화국 내에서 제작된 것은 아닌 것으로 추측되는데, 이곳과 가장 가까운 곳에서 이런 질그릇이 확인되는 곳은 두 곳이다. 한 곳은 중국 내몽고 적봉지역이고, 다른 한곳은 중국 내몽고 중부지역이다. 이 두 곳 중 다리강가에서 발견된 그릇과 가장 근접한 것은 중국 내몽고 중부지역에 위치한 묘자구문화이다. 이 묘자구문화에서는 다리강가 지역에서 발견되는 그릇들이 많이 발견되었다. 그러므로 묘자구문화의 연대를 고려하여 다리강가 유적의 연대를 추정해보면 지금으로부터 5300년에서 4800년 경으로 추정된다.[8]

이는 중국의 홍산(紅山)문화 후기 및 소하연문화(小河沿文化) 초기(5500~4800여 년 전) 유적에서 주로 출토되는 것이다.[9] 이 그릇이 발견됨으로써 몽골 동부의 이 지역이 홍산문화나 소하연문화 분포지와 가까웠거나 최소한 교류가 많았던 지역으로 추정된다.

---

8) 内蒙古文物考古研究所 編著, 『廟子溝與大壩溝: 新石器時代遺址發掘報告』, 中國大百科全書出版社, 2003年; 魏堅, 「試論廟子溝文化」, 『靑果集: 吉林大學校考古學專業成立20周年考古論文集』, 知識出版社, 1993年

9) 복기대, 「소하연문화에 관하여」, 『단군학연구』 21, 2009년.

중국 적봉지역 소하연문화 채색그릇

이번 조사에서 이 유적의 발견은 몽골공화국 내에서 처음으로 신석기시대 농사를 짓던 흔적이 발견된 것이라는 의의가 있다. 몽골고고학자들의 말을 들어보면 농사와 관계가 있는 유물들이 가장 많이 발견되는 지역이 몽골공화국 동남부지역인 수흐바타르지역이라는 것이다. 이 지역에서는 곡물을 갈아먹던 갈돌과 갈판 등 많은 유물들이 발견되었다고 한다. 물론 이런 유물들이 발견되는 가장 큰 이유는 농작물이 생산되어 이를 가공한 증거로 볼 수 있다. 만약 외부에서 농작물은 사 가지고 왔다면 굳이 이곳에서 가공을 하지 않았을 것이다. 그러므로 이런 가공 도구가 필요한 것은 이곳에서 직접 농작물을 생산했을 가능성이 높은 것이다.

이 지역에 이런 농업이 가능했을 수 있는 것은 전체 몽골공화국의 기후를 볼 때 가장 따뜻한 지역에 속하며, 강수량도 어느 정도 유지가 되는 지역이기 때문이다. 뿐만 아니라 이 지역은 직선거리로 약 200km 남쪽으로 내려가면 현

다리강가 지역 수습 농기구

재 중국 내몽고 중부지역에 다다른다. 이 내몽고지역은 때에 따라서 황하유역문화들과 교류가 가능한 지역이다. 이 교류 중 강수량이 어느 정도 유지가 되고 온도가 높아지면 황하유역 사람들이 직접 북으로 올라와 생활도 가능한 지역이다. 그러므로 자연환경의 조건에 따라 상품이 이동하는 것보다 직접 사람들이 이주해올 가능성도 배재할 수 없는 것이다. 이런 경우 중국고고학계에서는 중원문화의 확대라는 측면에서 해석을 하기도 한다. 이와 반대로 기후조건이 나빠지면 북쪽 사람들이 대거 남쪽으로 이동을 하게 되는데 그 이유는 북쪽의 기후가 나빠지면 현재 몽골공화국에서는 사람들의 삶이 원천적으로 불가능해진다. 그러므로 사람들이 생활할 수 있는 환경이 형성된 곳으로 이주를 해야 하기 때문이다. 이럴 경우 북방 사람들이 대거 남쪽으로 이동하여 생활을 하게 되는 것이다. 이런 사람들의 이동은 곧 이에 따르는 문화도 교류하게 되는데 다리강가에서 발견된 질그릇은 전자로 기후조건이 좋은 시대에 남쪽 사람들이 대거 북으로 이동한 흔적이 아닌가 한다. 그래서 농사를 짓는 방법도 전수가 되고 이를 가공하는 기술도 전수가 된 것이 아닌가 한다. 이런 과정들은 필연적으로 곡식을 가공하여 익혀먹는 기술도 전수되었을 가능성을 배제할 수 없다.[10]

이런 문화교류의 가능성을 볼 때 이번 조사는 남방문화와 북방문화의 교류 가능성의 단초를 확인할 수 있는 중요한 계기가 되었다.

---

10) 몽골공화국내에서 이 시기에 이르러 처음으로 음식물을 익혀먹었다는 것은 아니다. 당연히 그 이전에도 먹거리를 익혀 먹은 것은 사실이나, 새로운 음식조리법이 전파되었을 가능성을 말하는 것이다.

## 2) 탐사볼락 유적지

탐삭 평원은 할흔골 솜에 있는 지역으로 북쪽을 따라가면 신석기시대의 석기유물들을 많이 발견되었다. 처음 이 유적을 조사한 것은 1967년에 러시아 과학아카데미의 D.도르쯔 등이었는데 이들이 지휘한 발굴 조사단이 이 탐삭볼락의 남쪽 강변을 발굴하여 신석기시대의 움집터를 몇 기 발굴하였다. 이 유적에서 신석기시대의 거주지를 발굴한 것 외에 같은 시기일 것으로 추정되는 3기의 고분을 발굴 조사하였는데 이 고분에서 치레거리와 농업에 관계된 많은 유물들을 확인하였다[도르쯔 2007; 44-49].

이 유적은 최근 D.에르덴바타르 교수가 다시 조사를 하였는데, 추가로 두 곳의 신석기시대 유적을 확인하였다. 이 유적이 위치한 곳은 도르노드 아이막 할흔골 솜의 면 소재지로부터 서쪽으로 100km부근으로 오타이 산

탐삭볼락의 석조물의 위치

탐삭볼락의 석조물(서쪽에서)

의 사원 남쪽에 평원이 있다. 유적지는 탐삭골짜기의 강 유역을 건너 비포
장도로로부터 동쪽으로 골짜기의 북쪽 연안을 따라서 이어져 있는 자동차
길 위에 있다. 몽골 조사가 늘 그렇지만 조사단은 유적 근처에 이르러 확실
하게 유적을 찾지 못하여 현지 주민들에게 유적지의 위치를 확인하고 답사
를 하였다. 유적은 각 40m 거리간격으로 설치되었는데 2개의 긴 돌 구조물
이었다.

　이 탐삭볼락의 신석기시대 유적은 몽골 정부의 2008년 175호령으로 지
정된 국가보호 유적으로 등록되었다. 각 구조물의 현재 모습을 정리해보면
다음과 같다.

　위치는 북위 47° 12" 563 ′, 동경 117° 22" 096 ′, 해발고도 867m 이다.

탐삭볼락의 제1구조물(동쪽에서)

### ■ 제1구조물

두 개의 석조물 중에서 오른쪽에 있는 것이다. 남북으로 배열되어 있는
데, 남쪽의 크기는 3.3 x 7.1m의 네모난 모양의 구조물이고, 북쪽은 직경
4.3m가 둥근 구조물을 중심으로 다시 북쪽에 2.2 x 1.3m 크기의 석열이
있었다. 북쪽 원형은 중간에 쇠뜨기풀이 자라고 있었다. 이 구조물들의 석
열은 지표와 거의 같은 높이고 구조물은 강에 있는 매끈하고 평평한 자갈
들을 이용하여 만들었다.

### ■ 제2구조물

두 개의 석조물 중에서 왼쪽에 있는 것이다. 남북으로 배열되어있는데
남쪽은 크기 3.0 x 6.4m의 직사각형 모양의 석열이고, 북쪽은 직경 4.5m
의 크기의 원형구조물인데 중간이 오목하게 홈이 파져 있었다. 이 원의 북
쪽에는 1.8 x 1.3m 크기의 짧은 석열이 있는 구조물이 있다. 이 구조물의
위에 있는 석열은 높은 곳은 지표에서 0.15m 정도 더 높게 솟아올랐고, 낮
은 것은 지표면과 같았다. 구조물은 강가의 평평한 자갈들을 사용하여 만
들었고, 석열들은 흩어진 상태로 있다.

탐삭 평원에 있는 두 개의 구조물을 전체적으로 볼 때 일반적인 구조의
모습은 같지만 크기의 경우 오른쪽에 있는 것이 좀 더 크다. 구조물을 만드

탐삭볼락의 제 2 구조물(동쪽에서)

는데 이용한 돌들은 같은 종류의 것들이다. 위와 같은 유사한 특징들은 이 유적들이 같은 시기에 만들어 졌다는 것을 증명해준다.

이 돌 구조물들은 중국의 홍산문화 계통과도 비스한 부분이 있지만 이 두 구조물을 근거로 하여 홍산문화와 연결시키는 것은 많은 문제가 있다. 왜냐하면 주변에 다른 구조물이 없기 때문에 연결고리를 찾을 수 없기 때문이다. 이 구조물들의 쌓은 돌들을 보면 냇돌인데, 이런 냇돌이 있었다는 것은 이곳에 강이 흘렀다는 것을 설명해주고 있는 것이다. 물론 지금도 이 근처에는 사람들이 살고 있고, 과거에 물이 흘렀던 흔적들은 남아 있다. 그런데 지금 흐르는 물은 매우 적은 량이다. 그러나 냇돌이 만들어지는 과정을 볼 때 지금같이 적은 양의 물로는 반질반하게 만들지 못한다. 그러므로 과거 흐른 물은 매우 많은 양이었다고 봐야 한다. 또한 이곳에서 조사할 당시 질그릇 조각들을 확인되었을 텐데 이것들이 남아 있지 않다는 것이다. 글쓴이가 조사를 할 당시는 회색계열의 얇은 그릇조각들이 있었는데, 이런 점들이 연구에 고려되어야 할 것이다.

이외의 지역도 이런 돌 구조물들은 있었는데 몽골학계에서는 아직 그 유적의 성격을 모르고 있었다.

# 2. 무덤 - 청동기시대

　몽골공화국 터브 및 항가이 권역의 강을 따라서 내려가면, 강가에 무덤과 적석총(케렉수르)유적이 대량으로 존재하는 곳이 많다.[11] 이런 무덤들은 몽골고고학계 뿐만 아니라 세계고고학계에서도 많은 관심을 갖는 유적들이다. 한국고고학계도 예외는 아니어서 1990년대부터 이 무덤들 발굴에 참여하였다.[12] 그 후 2009년 우리 조사단도 '한·몽발굴단'을 조직하여 발굴을 진행하기로 하였는데 그 첫 발굴을 수흐바아타르 아이막 다리강가 지역에서 진행하기로 하였다. 이 지역은 몽골초원에서 보기 드문 높은 산인 알탄산이 있고, 그 부근에 '강가'라는 호수가 있으며, 발굴대상지역도 지금은 물이 말랐지만 몇 년전까지만 하여도 물이 풍부했던 지역이었다고 한다. 그러므로 이 지역은 몽골동부지역에서 성지로 여기지는 곳으로 많은 무덤유적들이 분포하고 있다.[13] 지금까지 조사된 결과에 의하면 이곳에서 가장 오래 된 것은 신석기시대 무덤, 주거지, 석기 제작터, 청동기 시대 고분, 바위그림, 그리고 흉노시대 고분 및 고대국가시대 관련 바위그림과 바위에 새긴 글 들이 확인되었다. 뿐만 아니라 중, 근세로 이어지는 몽골시대 고분, 석인상, 그리고 사원터가 발견되었으며, 일부 시대가 분명하지 않은 '돕조'유적 등, 여러 시대에 걸친 역사적 유적이 매우 풍부하다.[14] 지금도

---

11)　이 지역의 해발 1,178M이고 좌표는 N 45°22'40.5", E 113°47'43.7" 이다.

12)　한몽학술조사연구협회·몽골과학아카데미: 『한몽공동학술연구』1-4, 1992~1995.

13)　이 지역에서 동남쪽으로 50km이상을 물이 없어 사람들이 생활을 못하는 곳이다. 즉 이 지역이 몽골동남부지역의 사람들 생활 한계선인 것이다. 이런 점은 이 지역문화를 연구하는데 매우 주의해야 할 사항이다. 이 지역은 중국의 내몽고과 접경지대를 이룬다.

14)　이 지역은 1920년대부터 러시아의 고고학자인 V.A.카자키예비치(В.А.Казакевич)가 [V.A.카자키예비치, 1930, 1934] 연구를 시작하였으며, 이후에 N.세르-오드잡(Н.Сэр-Оджав), D.도르지(Д.Дорж), V.V.볼코프(В.В.Волков) 등의 러시아 학자들이 연구를 주

이 지역에는 작은 마을을 사람들이
마을 이루며 살고 있다.

다리강가 와란합찰 지역 고분 부근 수습 옥돌 조각

이번에 조사는 D.바야르가
1980년대 이 군의 람트 올이라는
산 근처에서 제의(祭儀)구조물을
발굴 조사하면서 밝혀진 것이었다
[D.바야르 Áàýð, 1986]. 당시. 바야르가 조사한 내용에는 '와아란 합찰'계
곡에 많은 무덤들이 있었다는 것은 확인되었지만 그 후 특별한 조사가 진
행되지 못하였던 것을 조사하게 된 것이다. 바야르는 당시 조사결과를 토
대로 재조사를 할 것을 제의하였고, '한,몽 조사단'은 바야르의 제의에 동의
하면서 추가조사를 진행하게 되었다.

이번 답사활동 중에 이 지역의 원래 이름은 '바아라인'이 아니라 '와아
란합찰'이라고 이 지역 토박이인 J.바트소오리(Ж.Батсуурь, 남, 74세)와
M.한드수렝(М. Хандсүрэн, 여, 68세)씨가 알려주었다.

D.바야르가 1980년대에 행한 답사보고서에 간략하게 언급하였으나
[D.바야르 Áàýð, 1985], 그에 대한 발굴조사활동은 지금까지 이루어지지
않았다.

1990년 몽골과학원 역사연구소에 실시한 '몽골 동부답사'는 헨티 아이
막, 수흐바아타르 아이막 지역의 고고 지표 및 발굴 조사활동 중에, 수흐

도하였고, 그 후 몽골의 [N.세르-오드잡 Н.Сэр-Оджав, 1963], D.바야르(Д.Баяр) [D.바야
르 Д.Баяр, 1981, 1982, 1983, 1984, 1985, 1985, 2002] 등의 몽골관점에서 연구를 진
행하였다. 이외에도 1990년대 한국에서 이 지역의 연구에 참여한 적이 있었다. 러시아나
몽골학자들이 주로 조사하였던 문화재는 주로 석인상들이었다. 이 석인상들을 조사하는
과정에서 고분, 건축물, 사원터 등이 확인되었고, 이 문화유적들은 그 지역 행정기관에서
관리하고 있다. 그간의 조사과정에서 볼 수 있듯이 이 지역은 조사를 하면 할수록 계속 유
적들이 확인되는 것을 보아 앞으로도 유적들은 더 많이 발견될 가능성이 높다.

뒷줄 왼쪽에서 다섯 번째가 바야르 교수

바야타르 아이막 툽신쉬레에군에서도 고분군이 발견되었으므로 이 지역을 중심으로 조사지역을 더 확대하여 더 넓은 지역까지 조사를 하도록 하였다 [바트사이항, 에르덴바아타르, 1990]. 이런 조사를 토대로 계속 조사를 진행한 결과 근년의 조사에서는 수흐바아타르도, 도르노드도 등 여러 지역에서, 다양한 시기의 층위가 있는 유적들이 발견되었다는 보고가 있었다[투멘, 나왕 등, 2009].

새롭게 조사된 내용은 다음과 같다.

### 1) 와란합찰 무덤군

조사된 무덤 유적은 다리강가군 4박 와아란 합찰이라는 곳에 자리하고

와아란 합찰 협곡전경

있는데, [15] 이곳은 군 중심지에서 북쪽으로 약 6km 떨어져 있으며, 남쪽에서 북쪽으로 뻗어 형성되었으며 (이 협곡은 애초에 다리오보 화산에서 분출된 뜨거운 재가 흐르면서 생긴 듯하다) 다리 강가 알탄오보에서 북쪽으로 향하며 3~4km 길이의 협곡이다. 이 협곡은 골짜기 입구 일부분에 뜨거운 화산재가 살짝 굳은 채로 형성되었다. 초원지대에서 보기 드문 협곡이 형성된 곳으로 이 협곡은 샘이 있어 물이 흐르고 있는데 무덤들은 협곡의 동서쪽에

---

15) '합찰'이라는 말의 뜻은 협곡을 뜻하는 말 중 하나이다. 드넓은 평원이 펼쳐지는 곳에서 사는 몽골 동부사람들은 사진에서 보는 정도의 것도 '합찰'(계곡)이라 표현한다. 이 보고서에서도 몽골 동부사람들의 표현을 사용하여 해당 조사지의 지세 정도를 '합찰'이란 말로 쓰기로 한다.'와아란 합찰'은, 2009년 봄 현장 지표조사 중 D.바야르의 보고에서는 '바아라인 합찰'이라는 이름으로 불렸으며, 우리들 역시 이전의 답사보고서에도 '바아라인 합찰' 이라고 기록하고 있다[에르덴바아타르, 바야르, 앙흐사나 등 Эрдэнэбаатар, Áðяр, Анхсанаа нар 2009].

분포하고 있으며 주로 동쪽에 많이 분포하고 있다.

'한·몽합동조사단'은 2009년 5월 지표조사를 시작한 이래 협곡의 동쪽에서 원형과 방형 고분 약 175기를 발견하였다. 무덤의 지표면 형태는 매우 다양한 모습들이었다. 계단식 정방형 적석 무덤, 원형 계단식 적석 무덤, 장방형 계단식 적석무덤, 돌무지무덤, 투르크족 무덤 형식 등이 있었다. 또한 무덤이 있는 모습은 홑무덤, 쌍무덤, 떼무덤 형태 등으로 나눌 수 있고, 크기는 큰 것은 길이가 20m에서 4m 정도, 너비는 10m에서 3m정도까지 많았다.[16]

돌무덤 둘레에 매우 작은 크기의 돌 구조물 41기를 확인하였고, 그 수를 확인하고 각 지점마다 표시를 하여 평면도를 만들었다. 이 평면도는 각각 유적의 형태, 규모 등을 기록하고 구체적인 위치는 GPS로 확인하여 전체 무덤의 전체 위치 평면도를 작성하였다. 그리고 일부 특이한 형태와 구조를 지닌 무덤의 사진을 따로 찍었다. 여기에서 발견한 무덤의 대부분은 방형 무덤이었다.[17] 몽골지역의 다른 지역의 방형무덤과 그와 상관된 문화유적과 무덤의 외형을 비교해 보면, 이 지역의 무덤들의 연대는 청동기시대에 해당하는 것으로 볼 수 있다. 하지만 일부 무덤의 형태는 청동기시대 이전과 이후 것으로 볼 수 있는 형태들도 있었다.[18] 이렇듯 먼저 이 지역 무

---

16) 이번 조사에서는 조사기일이 짧아 협곡 동변의 유적을 등록, 자료화하고 평면도를 작성하는데 그쳤다. 그 평면도와 무덤의 위치는 별도의 표를 만들어 부록으로 만들었다.
복기대, 이성규, 에르덴 바타하르: 『2009~2010년 동몽골 역사유적 조사보고서』 『2009년 발굴조사』, 두솔, 2013년.

17) 복기대, 이성규, 에르덴 바타하르: 『2009~2010년 동몽골 역사유적 조사보고서』, 두솔, 2013년.

18) 이런 판단은 지금까지 다른 지역을 조사한 근거를 바탕으로 청동기시대로 추정이 가능한 것은 청동기시대로 하였지만 여기에 속하지 않는 것들이 있었다. 이 속하지 않는 무덤들 가운데 무덤의 형태가 다르고 청동기시대 무덤에 눌려있는 것은 신석기시대로, 이와 반대로 청동기무덤이 눌려있는 것은 청동기시대 무덤으로 추정을 하는 것이다.

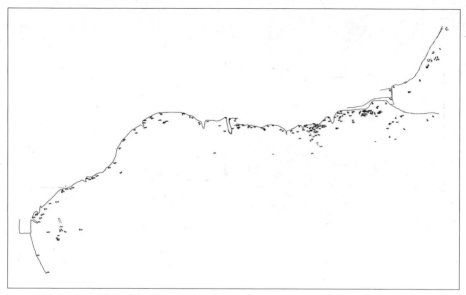

다리강가 와란합찰 지역 고분 분포도(175기 분포도)

덤들에 대한 기초적인 조사를 진행하고 이를 토대로 분석하여 향후 조사계
획을 수립하였다. 그 계획을 바탕으로 2009년 8월 모두 5개의 무덤을 발굴
조사하였고,[19] 2010년에 와아란 합찰 제 3, 4, 5호분무덤, 2011년에는 3,
4, 5호 무덤 북쪽에서 3기의 무덤을 추가로 발굴 조사하였다.[20] 이 무덤들
은 제 6, 7, 8호분이라고 명명하였다.

이런 무덤들 중에 이른바 쇼오르골진(개미허리) 무덤들은 한곳에서 집중
적으로 확인되었다. 대부분이 계단식 적석무덤인데, 그 기본 모습이 전기
고구려계 즉, 집안지역에서 발견되는 무덤과 흡사하다.

이 무덤들 중 여러 무덤을 발굴하였는데 그 중 6호 무덤이 가장 큰 관심

19) 복기대, 이성규, 에르덴 바타하르: 『2009~2010년 동몽골 역사유적 조사보고서』「2009년
    발굴조사」, 두솔, 2013년.
20) 복기대, 이성규, 에르덴 바타하르: 『2009~2010년 동몽골 역사유적 조사보고서』「2010년
    발굴조사」, 두솔, 2013년.

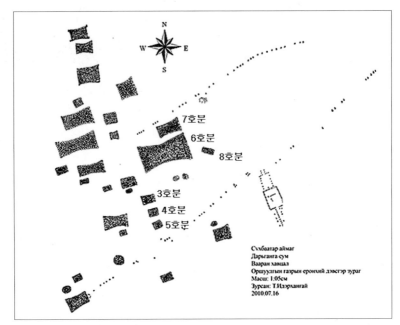

와란합찰 쇼오르골진(개미허리) 무덤 분포도

사였다. 왜냐하면 이 무덤들 중에 6호분이 가장 큰 무덤이었기 때문이다. 이 무덤에서는 완정한 60세 이상의 남자 뼈가 발견되었는데 연대는 기원전 10~11세기로 추정되었다. 그리고 두과의 대롱옥이 출토 되었다. 이 무덤 발굴에서 가장 아쉬운 것은 무덤의 동쪽 부분은 발굴을 하였는데, 서쪽 부분은 발굴을 하지 못하였다.

6호분 발굴 전경

6호분 유구를 드러낸 상태      6호분 덜 덧널

   그 이유는 몽골측이 시간상의 이유로 동쪽만 발굴하고 나머지는 시간이 없다는 관계로 중단시켜 버린 것이다. 글쓴이의 판단은 동쪽에서 생각지도 않은 유물이 나오자 서쪽은 시간 관계상 더 이상 발굴을 할 수 없다고 중단 시켜 버린 것으로 판단된다. 글쓴이도 공동단장을 맡고 현장에서 같이 지휘 를 하고 있었지만 어떻게든지 작업시간을 줄이려고 노력을 하였다. 예를 들 면 작은 수레를 가지고 흙을 퍼 나르면 훨씬 빠른 속도로 일을 할 수 있는데 굳이 양동이로 흙을 퍼 나르는 것이었다. 몇 차례 회의를 했지만 경비가 많 이 들어서 살 수가 없다는 것이다. 그러기에 내가 내 돈으로 수레 몇 대를 사주겠다하니 그 수레는 이곳에 없기 때문에 울란바타르로 가야 한다는 것 이다. 바로 옆 동네에서 수레를 파는 것을 뻔히 보고 있는데 그런 말을 하는 것이었다. 결국 수레가 등장하면 일이 훨씬 빨라지기 때문이고 그렇게 되면 많은 유적들을 발굴해야 하는 부담 때문으로 판단되었다. 다행이 거대한 무 덤에서 사람 뼈가 나와 이것저것 기초조사를 한 것으로도 다행한 일이다.

   조사단은 와란합찰 동쪽 지역인 궁 홍호르지역 유적을 조사하였는데 이 곳에서 둥근 원형 구조물을 발견하고 그중 1곳을 발굴하였다. 발굴 결과 이 유적의 연대는 원나라 때 무덤이라고 하였다. 아마도 그럴 것 같은 분위 기는 들었다. 왜냐하면 표토를 걷어내고 석회를 바른 바닥이 나타났는데, 동아시아에서 백회를 무덤에 활용하는 것은 12세기 들어서면서 보편화 된

13세기 회곽 무덤으로 추정되는 원형무덤

다. 13세기 몽골사람들이 남송을 공격하면서 남송지역의 무덤 만드는 방식
을 북방에서도 활용했을 가능성이 높다. 왜냐하면 북방지역은 무덤속에 많
은 껴묻거리를 넣고 무덤을 만들고 나서 얼마 후 무덤을 만든 사람들이 다
시 무덤을 파서 거기에 묻힌 귀중한 물건들을 가져가는 짓을 많이 한 것이

다. 이것을 방지하기 위해서는 돌을 쌓는 것보다 석회로 회곽을 만들면 함부로 못 깨뜨리기 때문에 이런 방법을 사용하여 무덤을 만들었을 가능성이 매우 높다. 이런 역사적인 흐름을 몽골측 관계자는 이런 현상을 경험하지 못했거나 혹은 알면서도 훗날 그들이 단독으로 발굴하기 위하여 모르는 체 했었을 수도 있었을 것이다. 그러나 어쨌든 글쓴이가 볼 때는 이 회면은 뭔가를 묻고 묻힌 것을 도굴하지 못하도록 백회를 두텁게 쌓아 놓고 물을 부어서 고체로 만든 것이다. 그러므로 반드시 이 백회층을 뜯어내고 조사를 해야 한다고 계속 주장을 해도 그럴리가 없다는 이유와 시간이 없다는 이유를 들어 더 이상 진행하지 않았다. 글쓴이는 이런 유사한 일이 몇 번 있었는데 이를 계기로 몽골조사를 중단하였다.

## 2) 비칙팅 합찰의 고분

조사단이 짜르갈란팅 쉬레의 바위그림을 조사하는 과정에서 이 지역 청년을 만났다. 그의 말로는 비칙팅 합찰이라는 좁은 계곡에 글자와 바위그림이 있다고 하였다. 조사단 이 정보를 확인하기 위하여 부근에서 살고 있

비칙팅 합찰의 위치

는 사람의 안내로 바위그림을 찾아가 갔다.

이 유적은 비칙팅 합찰은 에르덴차강 솜의 군청소재지로부터 서북쪽 30km 부근에 위치했는데, 북쪽을 향해 입구가 있는 좁은 골짜기이다. 현지 상황은 강우량이 많은 때라 많은 물들이 흘러가고 있었다.

비칙팅 합찰의 양 강변 위에는 방형의, 쇼르골찐(개미형) 고분들이 많았다. 이 고분들은 아직 구체적인 조사가 된 것은 아니었다. 그렇지만 외양을 볼 때, 이 무덤들이 위치하는 자리나 형태를 보면 본 조사단이 집중적으로 조사하고 있는 프로젝트인 다리강가 와아란합찰 지역의 청동기시대 고분들과 매우 비슷한 것을 볼 수 있다. 그러나 와아란합찰에 많았던 계단식은 무덤들은 보이지 않았다. 그러므로 이 지역의 무덤들은 여러 시대가 어우러져 있는 것이 아니라 짧은 시기에 만들어진 것으로 추정된다.

위치는 북위 45° 51" 447 ´, 동경 114° 50" 232 ´, 해발고도 943m 이다.

비칙팅 합찰의 고분(동북쪽에서)

## 3) 도를닉 나르스의 흉노 고분

솜의 군청소재지로부터 서남쪽 4~8km에 도를릭 나르스라는 적송 숲
이 있다. 이 숲을 현지 사람들은 사람의 피를 마셔서 빨갛게 되었다고 하며
숲이 동그랗게 형성되었기 때문에 '도고이를릭 나르스(둥그런 적송이라는 의
미)'라고 이름 지었다가 훗날 '도를릭 나르스' 라고 불리게 되었다.

이 도를릭 나르스의 흉노 고분군에 대한 첫 조사는 1974년에 D.페를페,
D.체벵도르쯔 등이 조사하였는데, 1991년에 '몽-일 공동 고르반 골' 이라
는 조사단을 꾸려 지표조사를 하고 무덤의 분포도를 다시 작성하였다[체벵
도르쯔 1996; 13-16].

2006년부터 '몽-한공동'의 '몽-솔' 프로젝트 범위에서 본 유적지에서 종
합적 고고학 연구를 하기 시작하였으며 이 프로젝트가 오늘날까지 이어져

도를릭 나르스의 흉노 고분군의 위치 표시도

오고 있다[유럴-에르데네 2010; 81]. 도를릭 나르스에서 진행한 지표조사
와 고고학 발굴조사의 결과 본 지역에 총 198기의 고분을 발견하였는데,
이 중 174기의 고분은 흉노시대의 것이며, 나머지 24기의 고분이 만들어진
시기를 정확히 모른다. 도를릭 나르스의 흉노 고분군은 몽골 정부 2008년
175호령으로 국보로 지정되었다.

   조사단이 이 유적지를 들렀을 때 한국 중앙박물관과 몽골 사회과학원
고고연구소와 합작하여 거대한 고분을 발굴하고 있었다. 이 지역은 토질이
모래질이기 때문에 발굴하는데 매우 어렵게 발굴을 진행하고 있었다. 어쨌
든 연구자들이 본 고분의 묘도와 봉토 발굴 작업을 끝내고 현재 고분군의
석실을 열 준비를 하고 있었다.(구체적인 내용은 발굴보고서를 참고하면 될 것
으로 본다. 조사단은 다만 발굴단의 허가 하에 참관을 하였고, 사진 촬영도 허가를
받고 진행하였다.)

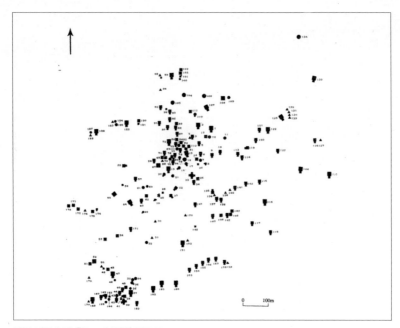

를릭 나르스의 흉노 고분군의 분포도

　이 유적 및 유적 부근은 흉노족이 거주했다고 하는 견해가 지배적이다. 이 견해는 중국학계의 견해인데 많은 의구심이 이 든다. 왜냐하면 이 지역은 몽골 동부지역이고 위도로 볼 때 시베리아와 가까운 지역에 이르는 북쪽인데 이렇게 넓은 범위에서 흉노가 분포했다는 것은 얼른 수긍하기 어려운 사실이다. 이 지역의 무덤이 과연 흉노무덤인지 아니면 이 지역 사람들

"몽–솔"프로젝트 발굴 조사팀의 연구자들과 함께

도를릭 나르스의 제 1 호분의 발굴 조사에 전경

도를릭 나르스의 제 1호분을 판 상태                도를릭 나르스의 제 1 호분 발굴 전경

이 서한계통의 무덤 양식을 받아들여 그들의 무덤을 만든 것인지는 더욱더 연구를 해봐야 할 것이다. 흉노사람들이 이곳에 살았다면 전체 흉노사 연구에 새로운 장을 열어야 한다고 생각한다. 왜냐하면 흉노는 현재 몽골공화국의 중, 서부 남쪽에 거주하던 사람들로 인식하고 있었는데 이 북쪽 까지 진출하였다는 것은 새로운 자료가 되기 때문이다. 이 문제는 매우 신중하게 접근을 해봐야 한다.

위치는 북위 48° 32" 183 ´, 동경 111° 04" 406 ´, 해발고도 1,051m 이다.

## 4) 보르 볼락강 암의 흉노 고분군

빈데르 솜의 군청소재지로부터 동남쪽 20km 부근, 오논 강의 남쪽 유역을 '차르밍 탈바이' 라고 한다. 이 유역의 남쪽 부분 산의 북쪽을 '보르 볼락깅 암'이라고 한다. 이 지역에는 시대를 정확하게 알 수 없는 고분들이 여기저기 흩어져 있다.

이를 파악해본 결과 역사시대와 관련 있는 것으로 보이는 무덤들은 150여 기가 있다. 이 무덤들의 대부분은 묘도가 있고 원형 석열이 있는 것들이다. 이들 무덤의 형식을 볼 때 흉노무덤들이라고 보는 것이 대부분의 견해이다.

보르 볼락깅 암의 흉노 고분의 위치

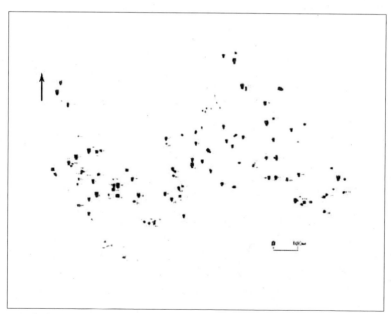

보르볼락깅 암의 흉노 고분의 분포도

보르볼락깅 암의 묘도가 있는 흉노 고분(남쪽에서)

보르 볼락깅 암의 고분들이 최초로 학계에 보고된 것은 1992년에 '고르 반 골'의 프로젝트 팀의 학자들이 발견하여 알려지게 된 것이다. 이 보고에 의하면 이 지역에 140기의 고분 중 7기는 투르크 시기의 제단, 9기는 몽골 시기, 117기는 흉노시대, 나머지 7기는 형성 된 시기를 모르는 고분으로 분류하였다[유럴−에르데네 2010; 81].

이 곳에 있는 원형 고분들의 평균 직경 1.9~9.0m까지 있고 귀족의 고 분으로 짐작되는 것의 길이는 묘도까지 포함하여 21m이고, 너비는 6.1m 의 크기이다. 흉노고분들의 일반적인 형태는 평민들과 귀족의 고분의 외부 형태는 같다. 다만 크기와 무덤 부장품의 내용들이 차이가 있을 뿐이다. 현 재 지표면에 남아 있는 무덤의 표식들은 원래 이렇게 낮은 것이 아니라 솟 아 있었으나 이 지역에는 바람이 많이 불기 때문에 황사나 분진이 많이 날 아와 쌓여 점점 묻혀 이제 희미한 흔적만 보인다. 그래서 이 고분의 석열들이 파묻히게 된 것이다.

위치는 북위 48° 33" 052′ , 동경 110° 49" 109′ , 해발고도 1,045m 이다.


# 3. 성(城) - 고대

우리가 알고 있는 몽골공화국은 지평선이 보이는 드넓은 들에 풀이 가득찬 들판의 나라이다. 더구나 본 조사단이 조사를 하고 있는 몽골동부지역은 다른 지역에 비하여 더 드넓은 초원이 발달한 지역이다. 그런데 이런 지역에 성이 있다면 쉽게 동의하기 어려운 사실이지만, 분명하게 성이 있다. 그것도 초원을 가로 지르는 긴 둑을 보면 이게 성인가 싶기도 하다가 군데군데 네모꼴의 건물들을 지었던 것을 보면 성이 분명한 것을 알 수 있다. 다만 이 성을 쌓은 목적이 뭐고, 언제 누가 쌓은 것인지는 분명하게 확인되지 않고 있다. 그 이유는 전쟁용으로 쌓았다기에는 성벽이 너무 낮고, 경계용으로 쌓았다고 보기에는 누가 언제 어떤 목적으로 몇 십킬로 미터를 쌓아 경계를 하였을 것인가 의문이 든다. 현재 몽골학계에서는 금나라 때 쌓은 것이라는 것이 대체적인 견해이지만 한번쯤 재고를 해봐야 할 것이다.

또 하나 이런 토성만 있는 것이 아니라 석성도 있다는 것이다. 이런 석성은 몽골공화국 안에서 쉽게 보기 어려운 성인데 그 성은 만주지역에 있는 것들과 매우 유사하다는 것이다. 또한 이 성 부근에는 온돌이 설치되어 있는 집자리들이 발견되었다. 이 집자리들은 만주지역의 요녕성 환인현 오녀산성의 집자리와 비슷하였고, 내몽고 적봉시 초두랑진 삼좌점 상기방영자 건너편의 연산(燕山)유적에서 발견된 온돌과 비슷한 것을 볼 수 있다. 이런 연관성을 볼 때 이 지역의 온돌을 사용한 사람들은 만주지역에 이주해 간 사람들일 가능성이 매우 높다. 전체적으로 초원에 성이 있다는 것은 우리가 몽골공화국 역사를 연구하는데 있어서 새로운 시각으로 볼 수 있는 근거가 될 것이다.

## 1) 어글럭칭 성

헨티 아이막의 바트쉬레트 솜의 군청소재지로부터 서남쪽 45km 부근, 바얀 강과 어글럭칭 강의 인접 지역으로부터 8~10km 거리에 대친 산의 입구에 어글럭칭 성이 있다.

이 성에 대한 연구는 꾸준히 진행되고 있어 많은 견해들이 제기되고 있

어글럭칭 성의 위치

다이친 산의 능선에 위치한 어글럭칭 성(남쪽에서)

다. 대부분이 성의 내·외부에서 찾아낸 유물들에 의지하여 의견을 개진해 오고 있다. 이 성을 처음 발견한 것은 1926년 소련의 학자 S.콘드라티데브였는데, 그는 '12~13세기의 병사들의 요새였을 것'이라는 의견을 개진하였고, 몽골의 학자 D.페를레는 성의 내부에서 찾아낸 도자기 파편 위에 무늬 장식을 남긴 것을 보고 '거란 시기와 관련된' 것이라고 비정했다[페를레 2001; 205].

페를레의 견해는 1990년부터 이 지역에서 시작된 '고르반 강' 연구조사팀과 1994년 측량을 한 '몽—솔'프로젝트 연구자들도 같은 의견을 개진하고 있다.

이 유적을 몽골과 미국이 공동으로 구성한 '칭기즈칸 프로젝트' 연구팀도 연구를 진행하였는데, 이 연구단의 의견은 '상류층의 묘지터'라고 결론 내렸다. 이 연구팀이 2002년에 성의 내부 발굴 조사를 하여 각각 다른 시기의 고분을 발견하였고, 마루와 한즈(온돌)가 있는 구조물을 발굴하였다 [얼지바야르 2003; 76-81].

이 성에 대하여 몽골 정부는 2008년 17호령으로 국보로 등록시키고, 주변 일대를 보호지역으로 지정하였다. 본 조사단은 성의 구조와 성의 내부에서 진행된 발굴 터를 확인해보았다.

위치는 북위 48° 24″ 345′, 동경 110° 11″ 501′, 해발고도 1,187m 이다.

## ■ 석성(石城)

성은 산의 남쪽 능선 둘레를 따라 돌로 촘촘하게 쌓았다. 어떤 부분은 높은 바위들을 가로질러 쌓았다. 성벽의 높이는 서로 같지 않고 평균적

어글럭칭 성의 석벽(서남쪽에서- 최근 보수한 흔적인 보인다)

어글럭칭 성벽(성벽의 원형이 남아 있다)

으로 2.5m 정도의 높이이다. 성의 동북쪽의 높이가 3.2m 정도 되고, 두께가 2m까지 되어있다. 성의 길이는 연구자들마다 다른데 약 2,800m, 3,000m, 3,200m, 3,500m 네 개의 기록이 나왔다. 아마도 기준점을 서로 다르게 잡은 것으로 보인다. 이런 차이는 2008년에 국립 몽골문화유산센터에서 측정을 했는데 약 2,850m로 확인되었다. 성안에는 작은 내가 흐르는데 성의 중심으로 볼 때 서북쪽에서 동남쪽으로 흘렀다. 아마도 성안 사람들의 생활용수로 썼을 것이다. 현재 이 성들은 보호과정에서 문제가 있어 점점 무너져 내리고 있다. 성의 남쪽에 문이 있다.

성 안에는 멀리서부터 확연히 보이는 우뚝한 돌출한 바위를 지역민들은 '칭기싱 모리니 오야(칭기즈의 말을 묶던 줄)' 라는 전설이 전해진다.

### ■ 집자리 터

2002년부터 2006년까지 '몽골-미국' 공동연구팀은 이 성안의 거주지로 추정되는 곳에 대한 발굴조사를 진행하였다. 이 유적에서는 몇 기의 집자리를 찾았는데 이 집자리들의 기본 구조는 반움집 형태였고, 집안 내부는 '한즈'(한국의 온돌과 비슷함)라는 온돌이 설치되어 있었다. 이것은 한국의 온돌과 비슷한데 'ㄱ'자 형태의 돌선 약 20cm 간격으로 4겹으로 깔았다. 이런 형태의 집자라는 북방지역 중 현재 요녕성지역과 길림성 지역에 있는 유적과 같다.[21] 주로 고구려계통에서 사용하고 있는 것들이다. 이 유적을 발굴한 연구자들은 만주지역의 고대문화에 대한 이해가 부족하여 이 유적의 성격을 파악하지 못한 것으로 보인다. 이 유적을 발굴한 팀들이 발굴 후 보호조치를 하였으나 지금은 점점 허물어져가고 있었다.

---

21) 遼寧省文物考古研究所編著: 『五女山城-1996〜1999, 2003年桓因五女山城調査發掘報告-』, 文物出版社, 2004년.

어글럭칭 성의 내부의 집자리(한즈- 온돌-)

어글럭칭 성의 내부의 집자리(온돌 고래가 고스란히 남아 있다)

## 2) 올랑 강의 성

도르노드 아이막의 할흔골 솜의 군청 소재지로부터 서북쪽 60km 부근, 현재의 할흔골읍 소재지로 부터 서쪽 10km, 할하 강의 남쪽 강변 위에 '올랑 강깅'이라고 이름 지어진 방형의 토성이 있다. 이 성을 어떤 사람들은

올랑 강깅 성의 위치

'샤를찡 발가스'(샤를지 지역의 성터)라
고 부르기도 하고, 최근에 이 지역 사
람들은 이 부근에서 낚시를 하게 되면
서 '데게 쉬데흐 가자르'(낚시하는 곳)
이라고 부르고 있다.

위치는 북위 47° 55" 827 ´, 동경
117° 59" 355 ´, 해발고도 602m 이다.

올랑 강깅 성의 위성 사진

이 성을 최초로 조사한 연구자는
몽골의 유명한 지리학자 남난도르쯔가 조사하고 그 관련 보고서를 남겼다.
이 보고서를 기본으로 1992년에 '한—몽 동몽골 프로젝트' 학술팀의 손보기
와 A.오치르 등이 공동책임자를 맡은 조사팀이 조사를 진행하였다. 2009
년에 B.다바체렌이 조사를 진행하였다[다바체렌 2009; 121].

올랑 강깅 성의 무너진 부분(동쪽에서)    올링 강깅 성에서 수집한 유물들

성은 방형이고 남쪽과 동쪽에 문이 있었다. 지금까지 남아 있는 성벽은 높이 0.4~0.6m, 너비 1.2~1.6m 이다. 길이는 동측이 약 180m 정도, 북측이 약 84m, 서측이 약 48m, 남측이 약 210m 이다. 성의 내, 외부에 적지 않은 건물터들이 남아 있었다.

올랑 강 토성의 서북쪽 부분은 홍수로 인하여 무너졌고 다른 벽들도 큰 홍수를 만나면 무너질 가능성이 크다. 조사단은 성의 서북 측에서 고온에서 만들어진 파란색, 회색의 얇은 도자기 조각들, 철기 조각들을 찾았다. 그리고 물고기, 몸집이 작은 가축(양, 염소를 가리킴)의 타다 남은 것이나, 타지 않은 뼈들을 수습하였다. 이것이 시대가 언제인지는 알 수 없었다. 다만 자기편을 보면 요(遼)나라 이전으로 올라가지는 않을 것으로 보인다.

올랑 강깅 성은 할흔골 유역에서 현재까지 발견된 유일한 토성이다. 할흔골 유역에서 올랑 강깅 토성과 유사한 토성이 발견되지 않아 본 유적지를 어떤 목적으로 언제 세웠는지에 관한 종합적인 연구가 필요하다.

### 3) 장성유적(칭기즈의 헤르멘 잠)

칭기즈의 헤르멘 잠은 만리장성과 같이 길게 쌓여진 장벽을 가리킨다.

칭기즈의 헤르멘 잠의 위치 연결 그림

칭기즈의 헤르멘 잠은 몽골의 터
브 아이막의 멍겅모리트 솜에서
시작하여 동쪽으로 헨티 아이막
의 바얀－아드라가, 노로블린, 도
르노드 아이막의 바얀－올, 차
강－오보, 세르겔렝, 고르방자갈,
초이발산 거쳐 550km 정도를 이

칭기즈의 헤르멘 잠을 따라 위치한 방형 성들의 위치

어져 중국 내몽고 지역까지 도달한다. 현재 성의 현황은 어떤 곳에서는 단
절되어 있고, 어떤 곳은 높이 2m, 너비가 4m 정도의 벽이 남아있기도 하
다. 지표 위에 뚜렷하게 보이는 성벽의 북쪽을 파서 남쪽에 쌓는 방법으로
이 성을 만들었다. 이렇게 파여진 북쪽은 구덩이는 해자(垓字) 역할을 했던
것으로 보인다.

칭기즈의 헤르멘 잠(동쪽에서)

조사단이 조사한 부분은 80km 정도이며 총 9곳의 토성을 확인하였는데, 이 중 7곳은 측정하고, 2곳은 시간관계상 간단하게 사진자료를 남겨두었다. 이 네모난 성들은 모두 성벽남측 2~170m 정도의 거리를 두고 지어졌는데, 성들은 크기와 모양에서 상당히 유사하다. 그러나 한 성에서 다른 성까지의 거리는 같지 않고 어림잡아 성간의 거리는 7~21km 정도 된다.

본 조사단은 도르노드 아이막의 세르겔렝 솜의 군청 소재지에서부터 헨티 아이막의 바양돈 솜에 들어가는 곳까지 약 80km를 조사 하였다.

이 유적지의 시대와 용도에 대한 자세한 연구 결과 없이 오늘까지 왔다. 그러나 헤르멘 잠을 지나갔던 관심 있는 연구자들이 이곳을 지나가면서 보았던 것들에 자기 의견을 반영하여 책으로 출판하는 경우는 간혹 있다. 예를 들면 D.페를레는 본 장벽을 『몽골비사』의 제 281절에 언급된

1228~1241년에 어거 데이 칸이 자신 영역에 속해 있는 들짐승들이 이웃 지역으로 들어갈까 봐 이를 막기 위해 긴 장벽을 쌓았다는 견해를 제기하기도 하였다. 어떤 학자들은 역참제도와 관련을 두고 설명하기도 하였다.

조사단은 칭기즈의 헤르멘 잠을 따라 지어진 성의 위치비정, 대략의 크기를 측정하여 수량화 하였다. 조사의 편의를 위해 번호를 지정하였는데 성의 모습들이 비슷하였기 때문에 지역적으로 동쪽에서부터 번호를 부여해가면서 서쪽으로 이동을 하였다. 1호는 바얀 볼락의 성으로부터 시작하여 번호를 매겨 작성하였다.

### ① 제 1 방형 성

바얀 볼락의 동북쪽 강변에 헤르멘 잠으로부터 남쪽으로 120m 정도에 흙으로 쌓여져 있다. 이 성은 반경 65 x 65m, 높이 1.7m 정도, 두께 3.0m이다. 남쪽에 12m 정도에 문을 설치하였다. 이 성의 북쪽에 고분 1기가 있다. 고분은 이전 시기에 이미 도굴꾼들에 의해 도굴되었고 지금 지표 위에 남겨진 특징을 보면 청동기시대 사각 고분이었다.

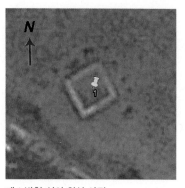

제 1 방형 성의 위성 사진

위치는 북위 48° 48" 300 ´, 동경 113° 41" 085 ´ 이다.

### ② 제 2 방형 성

도르노드 아이막의 바얀돈 솜의 군청 소재지로부터 남향으로 60km에 이흐 올('산'이라는 뜻)이라는 지역에 위치한다. 성벽남쪽에 20m 정도의 사

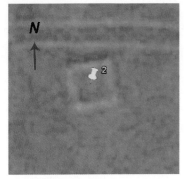

제 2 방형 성의 위성 사진

이를 두고 존재한다. 성은 반경 45 x 45m, 높이 1.5m 정도, 두께 2.5m 이다. 성의 어떠한 방면에서도 문이 있었던 부분이 보이지 않는다.

위치는 북위 48° 47" 382 ′, 동경 113° 29" 587 ′, 해발고도 893m 이다.

### ③ 제 3 방형 성

제 2 성에서 부터 서쪽으로 14km 부근에 위치해 있다. 성벽으로 부터 남쪽으로 30m 부근에 쌓여져 있다. 성은 반경 60 x 60m, 높이 1.7m 정도, 두께 3m 정도이다. 성은 경도를 따라서 마름모 모양이며 남쪽에 10m정도 담이 없는 부분이 있는데 문으로 추측된다.

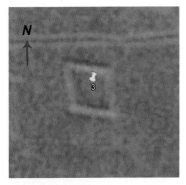

제 3 방형 성의 위성사진

위치는 북위 48° 48" 034 ′, 동경 113° 19" 098 ′, 해발고도 896m 이다.

### ④ 제 4 방형 성

제 3 성으로 부터 서쪽으로 21km 부근에 성벽 남쪽 3m 정도의 거리에 쌓여졌는데 성벽과 붙어있다고 봐도 지나친 말은 아니다. 성은 반경 60 x 60m, 높이 1.5m 정도, 두께 2.5m 정도이다. 성의 동쪽 부근 중심부에

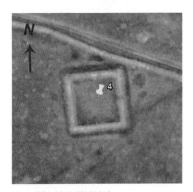

제 4 방형 성의 위성사진

5m 정도 단절된 부분은 문으로 추측된다.

위치는 북위 48° 49" 065 ′, 동경 113° 01" 263 ′, 해발고도 969m 이다.

### ⑤ 제 5 방형 성

제 4 성으로부터 서쪽으로 10km 부근에 성벽 남쪽 10m 정도의 거리에 이 성이 있다. 성은 반경 60 x 60m, 높이 1.8m 정도, 두께 3m 정도이다. 성의 남쪽 부근에 10m 정도 단절된 부분은 문으로 추측된다.

위치는 북위 48° 51" 268 ′, 동경 112° 54" 263 ′, 해발고도 1,058m이다.

제 5 방형 성의 위성사진

### ⑥ 제 6 방형 성

제 5 성으로부터 서쪽으로 8km 부근, 도르노드 아이막의 바얀−올 솜의 지역 하르노르라는 지역으로 이어진 성벽 남쪽 30m 정도의 거리에 이 성이 있다. 성은 반경 60 x 60m, 높이 1.8m 정도, 두께 3.2m 정도이다. 성의 남쪽에 10m 너비에 문이 있다.

위치는 북위 48° 53" 173 ′, 동경 112° 48" 040 ′, 해발고도 933m 이다.

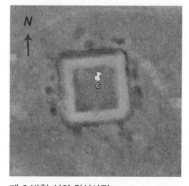

제 6 방형 성의 위성사진

### ⑦ 제 7 방형 성

제 6 성으로부터 서쪽으로 13km 부근에 성벽 남쪽 170m 정도의 거리

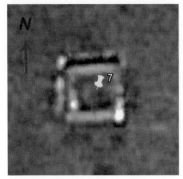

제 7 방형 성의 위성사진

에 있다. 성은 직경 40 x 40m, 높이 1.5m 정도, 두께 2.6m 이다. 성의 남쪽 부근에 10m 정도의 문이 있다.

위치는 북위 48° 53" 254′, 동경 112° 40" 415′, 해발고도 1,047m 이다.

조사단은 8,9번째 성에 가는 길이 비가 와서 땅이 패이고 구덩이가 많이 생겨 접근할 수 없었다. 이런 상황에서 현장조사를 못하고 위성사진을 구글에서 가져와 이곳에 첨부하였다.

제 8 방형 성의 위성사진

⑧ 제 8 방형 성

위치는 북위 48° 53" 190′, 동경 112° 34" 043′ 이다.

⑨ 제 9 방형 성

위치는 북위 48° 52" 541′, 동경 112° 25" 593′ 이다.

제 9 방형 성의 위성사진

조사단은 위에서 언급한 총 7곳의 방형의 토성 내, 외부를 살펴봤을 때 사람이 살고 있었다는 것을 증명할 터나 유물은 발견되지 않았다. 그러나 이전에는 이 유적지 부근에서 질그릇 조각, 철로 된 유물들이 발견되기도 했었다는 현지인들이 말한다.

현지인들은 '하루거리의 성은 사각형으로, 한나절 거리의 성은 삼각형으로 되어 있다'고 말한다. 그러나 우리가 성을 따라 관찰한 바로는 삼각형으로 된 토성 터는 하나도 확인하지 못하였다. 칭기즈칸과 관련된 길게 만들어진 헤르멘 잠은 위에서 언급한 것 이외에 헨티 아이막의 갈샤르 솜, 도른고비 아이막의 사이항돌랑 솜, 어믄고비 아이막의 놈곤, 노얀 솜 지역에도 있는 것이 확인되었다[크발로브 등 2010, 에르덴바타르 등 2009].

칭기즈의 헤르멘 잠을 따라 관찰하고 갔을 때 그 성 남쪽에서 경사진 면이나 여러 개의 고분들이 발견되기도 한다. 어떤 고분들은 흉노의 평민의 고분이라고 전통적으로 부르는데 이는 가운데가 움푹 파여 있으며 돌을 원형으로 나열해놓은 고분이라고 할 수 있는 형태와 구조를 가지고 있었다.

칭기즈의 헤르멘 잠이 차지하는 지역과 면적의 크기 때문에 지역사회의 여러 부정적인 영향을 받고 있는 면도 있다. 어떤 가정에서는 성을 가축의

헤르멘 잠의 남쪽에 있는 고분(서북쪽에서)

울타리로 쓰기도 하고, 담을 헐어내고 길을 내기도 하고, 또한 일부러 헐어버리기도 한다. 이런 일들이 빈번히 일어나면서 이 유적들이 점점 없어져버리는 것이 현실이 되었다.

## 4. 석인상 – 요, 금, 원

몽골 동부지역의 석인상은 매우 독특한 조형물이다. 지금까지 약 60여 개가 조사되었다고 전해지는데, 그 석인상이 누구를 표현하는지도 모르고, 그 기원연대도 하한연대도 알 수 없는 유물들이다. 이 석인상들에 대한 연구는 이미 1990년대 몽골에서 이루어 졌다.[22] 그러나 당시는 여러 가지 열악한 사정으로 매우 힘들게 연구가 되었을 것인데 특히 좋은 사진 자료 얻는 것이 쉽지 않았을 것이다. 그렇지만 이미 연구된 자료를 기반으로 이번

백음장한 석인상

---

22) 데 바이에르 지음 박원길역: 『몽골석인상연구』, 1994년, 도서출판 혜안.

조사도 진행되고 있다. 지금까지 북방지역에서 가장 이른 시기의 석인상이 발견된 것은 중국 내몽고 오한기지역에서 확인된 홍륭와문화시기 부터이다.[23] 그러나 '홍륭와문화' 때는 사람 얼굴이 구체적으로 표현되지 않았다. 추상적인 느낌이 강했다.

홍산문화 석인상

사람 얼굴 모습이 사실적으로 표현되기 시작한 것은 '홍산문화' 때 부터이다.[24] 이 문화시기부터는 구체적으로 사람들의 동작들이 나타나기 시작하였는데, 어떤 것은 몽골에서 발견된 것과 같은 모습의 석인상들도 확인되었다.

이런 흐름을 볼 때 이 지역에서 발견되는 석인상들은 외부에서 들어온 기술을 바탕으로 만들어지기 시작한 것으로 보인다.

지금까지 연구된 석인상의 연대는 12세기가 상한선으로 추정되는데, 이 시기에는 몽골지역에서는 석불이 만들어지지 않고 사람들만 만들고 있다는 것이다. 이런 결과를 보면 당시 몽골 동부지역에서는 불교보다는 전통 종교들의 역할이 더 크지 않았을까 추측해본다. 한국의 제주도에도 불상보다는 석인상들이 많이 만들어졌다.

지금까지 발견된 가장 큰 석인상이 주몽상이라고 전해지는 것을 보면 조상신을 돌로 만든 것이 아닌가 추측해본다. 이 장에서는 이번 답사에서 현장을 확인한 것들을 대상으로 정리해보도록 한다.

---

23) 박진호·복기대: 「요서지역 초기 신석기문화연구」, 주류성, 2016년.
24) 昭國田 主編, 「草帽山祭祀遺蹟群」, 『敖漢文物精華』, 內蒙古文化出版社, 2004年.

## 1) 석인상

### ① 허르깅 헌디의 석인상들

　수흐바타르 아이막의 다리강가 솜의 군청소재지에서부터 동북방으로 50Km 지점에 바양차강 산의 뒷면에 허르깅 헌디에 5기의 석인상이 있다. 이 가운데 3기는 30~50m의 간격으로 위, 아래로 있고, 2기는 그것들로 부터 아래쪽에 300~500m 정도 거리를 두고 있다. 원래 이곳에는 모두 7기의 석인상이 있었으나 2기는 몇 년 전부터 수흐바타르 아이막의 박물관으로 옮겨 연구 겸 전시를 하고 있다.

　허르깅 헌디의 석인상들을 최초 1927년에 소련의 학자 B.A.카자케비치가 발견하여 조사를 하여 알려지게 되었고, 사진과 함께 보고서를 작

허르깅 헌디의 석인상들(서남쪽)

성하여 1930년에 출판하였다. 이 때부터 이 지역의 석인상들을 조사하였는데 6기의 석인상이 있는 것으로 알았다. 앞서 발간한 보고서를 참고로 하여 1961년에는 고고학자 N.세르오드짜브, D.도르찌 B.B.볼코브 등이 1981년에는 D.바야르, 1984년에 D.바야르, L.L.비크토로바 등이 허르정 헌디의 석인상들의 근교에 있던 석조물들을 발굴하여 조사하였다[바야르 2002;23-31]. 그리고 1992~1995년에는 한-몽 공동의 '동몽골프로젝트'팀도 연구에 참여하였다. 1998년에는 G.공고르짜브 등이 2008년에는 B.다바체렌 등이 본 석인상들을 다시 보고 사진, 그림, 동영상으로 만들었고 연관된 정보들을 문화유산센터 소속 기록 자료관에 보관하고 있다[공고르짜브 1998, 다와체렌 2008; 59-61].

현재 이곳의 석인상들은 도굴되고 훼손되어 보존상 많은 문제들이 있다. 심지어 어떤 것은 지지대가 없어져서 쓰러져 있거나 어떤 것은 돌로 지

허르깅 헌디의 석인상들의 위치

탱되어 세워져 있었다. 윗부분에 있는 3기의 석인상 앞면에는 각각 안내문
이 붙어 있는데 2009년에 문화유산센터의 연구원들이 이 석인상들의 자리
를 옮겼다고 쓰여 있다.

허르깅 헌디의 석인상을 1994, 1998, 2008년에 몽골 정부에서 확증한
'국보급 역사·문화 유적·유물'이란 표석이 세워져 있다.

이전 연구자들이 허르깅 헌디의 석인상을 북쪽에서부터 시작하여 번호
를 부여하였는데, 우리는 석인상들을 남쪽에서부터 시작하여 번호를 매겨
도식화시켰다.

위치는 북위 45° 33" 168 ′, 동경 114° 13" 969 ′, 해발고도 1,248m 이다.


### ■ 제1 석인상

일직선상에 있는 3기의 석인상으로부터 아래쪽으로 600m 정도에 있
다. 이 석인상은 회색의 자연석인 화강암으로 만들었다. 석인상의 오른손
으로 잔 받침을 가슴 부근에서 잡고 있다. 왼손은 무릎 위에 얹어 놓고 앉
아있는 사람의 모습을 보인다. 머리 부분은 목에서 잘라져 있지만 이를 찾
아 제자리에 붙여 원상태로 복구해 놓았다. 머리에는 평평하고 가운데가
솟아나 있는 토르촉 모자(오늘날의 카자흐 사람들이 쓰는 둥근 모자 같은) 형상
이 있다. 얼굴은 닳고 닳았지만 눈, 코, 입의 일반적인 형태는 분명히 알 수
있다. 두 광대뼈가 현실적으로 묘사되어있고 귀의 형태가 남아 있다. 양손
가락의 사이를 잘 표현했지만 손가락 마디를 표현하지 않았다. 석인상에는
델의[25] 형태가 보이지 않지만 양손목 부근에 소매의 가는 끝단으로 옷을 입
은 것을 표시하였다. 옷자락의 밑 부분에 두꺼운 밑창과 원뿔형의 끝을 가

---

25) 몽골의 전통적인 옷을 가리킴.

허르깅 헌디의 제 1 석인상

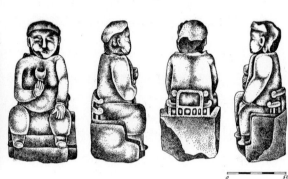

허르깅 헌디의 제 1 석인상 그림

진(보리아드족의 신발 같은) 신발이 약간 나와 있다. 이 석상에 새겨 진 등받이가 있는 의자가 잘 표현되어 있다. 의자의 양측에는 손잡이가 없고, 뒷면 중앙에 직사각형으로 된 등받이 윗부분의 끝에 귀 같은 것을 각각 하나씩 조금 짧은 암돌짜귀에 끼워 둥글게 하였고, 평평한 등받이의 중간 교차부 위에서 양쪽으로 올라가는 부분을 생각해보면 아래에 암돌짜귀의 끝을 2개의 숫돌짜귀와 결합시켰다. 양 끝 또한 휘어진 둥근 모양으로 되어 있다. 뒷면의 등받이에 어떠한 문양을 새겼지만 시간이 지나면서 닳고 불투명해졌다. 석인상의 규격은 높이 1.15m, 너비 0.42m, 두께 0.41m 이다.

■ **제 2 석인상**

일직선상에 있는 3기의 석인상에서부터 서남쪽 400m 부근에 있다. 본 석상은 화산에서 나온 현무암으로 만들어졌는데 가슴 부위에서 가로로 양 단되어 두 조각이 되었다. 광대뼈는 뚜렷하게 나타나 있고, 반달 모양의 귀가 묘사되어 있다.

석인상은 오른손으로 잔을 가슴 부근에서 잡고 있으며, 왼손은 그대로 늘어뜨려 무릎 위에 올려놓고 앉아있는 모습을 보이고 있다. 석인상의 표면은 전체적으로 닳으면서 매끄러워졌기 때문에 모습은 뚜렷하게 보이지 않는다. 머리에는 토르촉 모양의 둥근 모자를 썼다. 둥근 얼굴에 실눈, 긴 코, 입이 상당히 조악하게 묘사되어있으며 양 손가락 사이를 대충 구분해 놨지만 확실하게 보이기는 한다. 다리 사이에 남성의 성기가 묘사되어 있다. 발에 신발은 신었는지는 알 수 없다. 또한 모자를 제외한 부위에 옷을 입었는지는 알 수 없다. 석인상에 사람이 앉아있는 모습을 표현한 것은 분명히 알 수 있지만 어디에 앉아있는 것인지는 알 수 없다. 석인상의 밑 부분에 어떠한 것도 묘사하지 않고 자연적인 상태 그대로 남긴 것은 땅에 박아 세울 때를 생각하여 남긴 것이라고 본다.

석인상의 규격은 높이 0.92m, 너비 0.25m, 두께 0.20m 이다.

허르깅 헌디의 제 2 석인상(남쪽에서)

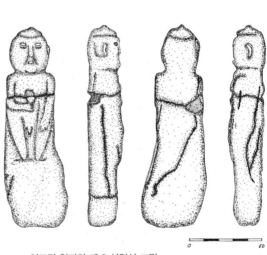

허르깅 헌디의 제 2 석인상 그림

■ 제 3 석인상

일직선상에 있는 3기의 석인상의 서쪽에 자리하고 있다. 이 석상은 현무암으로 만들었다. 오른쪽 어깨 부위에서 왼쪽 옆구리 위 부분까지 갈라져서 두 조각 난 상태이다.

석인상은 오른 손에 식기를 배 부근에서 잡고 있으며 왼손은 대충 늘어뜨린 사람의 모습을 하고 있다. 머리 부분은 몸통 부분과 다른 곳에 묻혀 있던 것을 파내어 꺼냈다. 석인상의 표면은 전체적으로 닳으면서 매끄러워져 나빠졌기 때문에 모습은 상당히 잘 보이지 않게 되었다. 머리에 뒤로 길게 늘어진 실렙치가 있는 둥근 모자를 쓰고 있다. 양 얼굴에는 반달 모양의 귀가 묘사되어 있다. 둥근 얼굴에 실눈, 긴 코, 입이 상당히 조악하게 묘사되어있다. 오른손에 잡고 있는 식기는 길고 끝이 가늘어지는 사호(몽골에서 사용하는 뚜껑 없는 주전자)형의 그릇이다. 양 손가락 사이를 대충 구분해놨

허르깅 헌디의 제 3 석인상(남쪽에서)    허르깅 헌디의 제 3 석인상 그림

지만 확실하게 보이기는 한다. 오른쪽 옆구리 모퉁이에는 둥글게 된 덮개가 있는 큰 쌈지가 묘사되어 있다. 석인상에 의복의 형태는 보이지 않고 왼손 손목 부근에 의복 소매 깃이 나와 있다. 석인상에 다리와 의자는 묘사되어 있지 않다. 얼굴 모습을 보면 걱정에 잠긴 모습이다.

석인상의 규격은 높이 1.28m, 너비 0.52m, 두께 0.26m 이다.


### ■ 제 4 석인상

일직선상에 있는 3개의 석인상의 가운데에 떨어져 있다. 이 석상을 화산석인 현무암으로 만들었다. 석인상은 오른손에 식기를 배꼽 위 부근에서 잡고 있으며, 왼손은 그대로 늘어뜨려 무릎 위에 올려놓고 앉아있는 사람의 온전한 모습을 묘사하였다. 머리 부분은 잘려졌지만 최대한 편한 상태로 올려놓았다. 머리 부분과 몸통과 따로 떨어져 묻혀 있었기 때문에 파냈다. 머리 위에 조그맣게 튀어나와 있는 토르촉 형의 모자를 쓰고 있다. 둥근 얼굴에 쌍꺼풀 진 눈, 코, 입이 묘사되어 있다. 넓은 얼굴에 자그마한 양 귀를 표현 하였다. 오른 손에 잡고 있는 식기는 사호형이다. 양손의 손가락 사이와 마디를 간결하게 표현했다. 가슴에 젖이 묘사되어 있다. 두 다리의 무릎을 구부려 의자에 앉힌 상태를 묘사한 중심에는 남성의 성기가 묘사되어 있다. 석인상에 옷과 합타가, 메투르(담배의 소제도구를 가리키는 용어로 몽골어 세트구르의 방언), 칼 등의 묘사는 없다. 석인상의 오른쪽 왼쪽에 묘사된 발을 위에서부터 조각할 때 의자의 등받이가 있다. 석인상에 팔걸이가 없이 등받이만 있는 의자이다.

석인상의 규격은 높이 1.25m, 너비 0.31m, 두께 0.33m 이다.

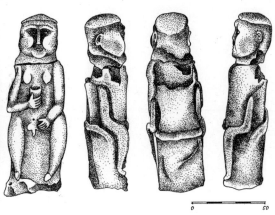

허르깅 헌디의 제 4 석인상(남쪽에서)　　　허르깅 헌디의 제 4 석인상 그림

■ **제 5 석인상**

　일직선상에 있는 3기 석상의 동북쪽에 무너진 돌무더기의 중심부에 홀
로 떨어져 있다. 이 석인상은 현무암으로 만들었다. 석인상의 머리가 잘라
져서 어디에 떨어져 보이지 않는다. 석인상은 오른손에 식기를 가슴 부위
에서 잡고 있으며 왼손은 늘어뜨린 모습을 묘사하고 있다. 석인상의 많은
부분들이 닳거나 깨져 잘 보이지 않는다. 손에 잡고 있는 식기는 아이스크
림그릇 같은 모양이다. 오른손의 손가락 사이가 나뉘어진 것이 보인다. 배
꼽 및 부분에 남성의 성기가 분명히 보이고 있다. 석인상에 델과 같은 의
복과 이와 관련한 어떠한 장식도 보이지 않는다. 의자의 모습도 보이지 않
는다.

　석인상의 규격은 높이 0.81m, 너비 0.29m, 두께 0.24m 이다.

| 허르깅 헌디의 제 5 석인상(남쪽에서) | 허르깅 헌디의 제 5 석인상 그림 |

    허르깅 헌디의 석인상의 상태는 어떤 일로 인하여 자빠져 있거나 혹은 최초의 위치를 이미 잃어버리고 다른 곳에 끌려가 땅 위에 쓰러져 있던 석인상들을 사람들이 다시 수리하여 세워 놓은 것도 많이 있다. 특히 석인상이 쓰러지는 가장 큰 원인은 이 석인상들을 근처에 살고 있는 가축들이 비비고 무너뜨린 것이 가장 큰 원인이었다. 이 석인상들의 표면이 망가지는 데 중요한 하나의 원인이 되었다. 일반적으로 허르깅 헌디에 있는 유적군은 역사, 문화, 과학적인 가치를 상실하지 않지만 오늘날 그 상황을 보면 보호측면에서 문제가 있다고 볼 수 있다.

② 중 누흐트의 석인상

    이 석인상들은 솜의 군청소재지로부터 동쪽으로 30km, 중 누흐트의 보양 언더르라는 산의 서북쪽 둔덕 위 사이에 7m 정도의 거리를 두고 2기의 석인상이 있다.

중 누흐트의 석인상들의 위치

중 누흐트의 석인상들(동남쪽에서)

중 누흐트의 석인상을 1981년에 D.바야르가 발견하여 학자들이 연구할 수 있는 토대를 마련하였다[바야르 2002; 28]. 2008년에 B.다바체렌 등이 다시 보고 사진, 동영상 촬영, 그림을 그려 문서화하여 국가에 등록한 것이 있다[다바체렌 2008; 28].

위치는 북위 46° 04" 143 ´, 동경 115° 50" 972 ´, 해발고도 1,100m 이다.

■ 제 1 석인상

일직선상에 서 있는 두 개의 석인상 중 서쪽에 있는 것이다. 이 석상을 황회색의 화강암으로 만들었다. 오른손에 술잔을 가슴 부근에서 잡고 서있는 남성의 모습을 묘사하였다. 석인상의 윗부분에 둥근 모자(감비란 모자)를 쓰고, 얼굴 부분에 눈썹, 눈, 코, 콧수염, 입을 묘사하였는데, 눈썹 부분을 코와 연결하여 묘사하였다. 입술을 열고 튀어나와 있는 것이 보인다. 오른손에 잡고 있는 잔은 촛대 같은 밑을 가진 마름모꼴 모양의 밑이 길고 굽이 높은 잔이다. 왼손은 아래로 늘어뜨려 허리부근 남성 성기의 왼쪽 위 부분을 덮고 있는 모습으로 묘사되었다. 허리에 두 개의 얇은 줄로 된 허리띠를 매었는데, 허리띠의 밑 부분에 남성의 성기가 밑으로 축 늘어진 모습을 하고 있는 것이 명확하게 묘사되었다. 손과 손가락의 구분을 잘 묘사하였다. 석인상에 어떤 의복도 입은 모습이 보이지 않는다. 또한 허리 부근 밑으로 어떠한 묘사도 되어 있지 않다. 석인상의 양 옆의 윗부분에 반달 같은 귀를 묘사하였고 오른쪽 옆구리 부근에 작은 합타가 묘사되어 있다. 왼쪽 옆구리에는 오른쪽에 묘사된 합타가보다 조금 큰 합타가 묘사되어 있다. 석인상의 뒷면에는 어떠한 묘사도 보이지 않는다.

석인상의 규격은 높이 1.18m, 너비 0.39m, 두께 0.33m 이다.

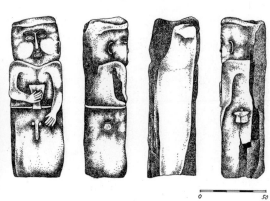

중 누흐트의 제 1 석인상          중 누흐트의 제 1 석인상 그림

### ■ 제 2 석인상

일직선상에 서 있는 두 기의 석인상 중 동쪽에 있는 것이다. 이 석상을
또한 황회색의 화강암으로 만들었다. 석인상은 왼손에 잔을 잡고 팔꿈치는
구부려 배꼽 부근에 놓은 여성의 서있는 모습이다. 정수리 부근이 상당히
튀어나오게 묘사된 것은 숍흐(원추형) 모자를 쓴 것을 표현한 것이라고 판
단된다. 얼굴 부위에 눈, 코, 입 등의 얼굴 부분을 중심을 잡아서 돌로 양각
하여 묘사하였다. 가슴 부위에 젖이 길쭉이 늘어져 있고, 오른손은 밑으로
늘어뜨리고 있다. 석인상의 양 얼굴의 윗부분에 작은 반달 같은 모양으로
귀를 표현하였다. 석인상에 의복을 입을 모습이 보이지 않는다. 석인상의
뒷면에는 어떠한 묘사도 보이지 않는다.

석인상의 규격은 높이 8.89m, 너비 0.29m, 두께 0.21m 이다.

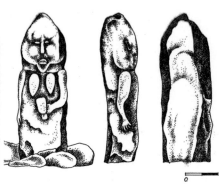

허르깅 헌디의 제 5 석인상(남쪽에서)    허르깅 헌디의 제 5 석인상 그림

중 누흐트의 석인상들을 연구자들은 몽골제국시대(13~14세기)것으로 연결하여 연구를 진행하고 있다. 그렇게 본다면 몽골 석인상 연구에 중대한 돌파구가 열린 것이다. 그러므로 이들 자료들은 몽골 석인상연구에 중요한 자료가 될 것이다.

### ③ 보얀 언더르 산 뒤편의 석인상

솜의 군청소재지로부터 동쪽으로 30km에 중 누흐트의 보얀 언더르라는 민둥산의 북측의 산마루 사이에 위도에 따라 몇 개의 석조물이 있다.

이중 보얀 언더르 산 뒤편의 석인상들의 순서는 동남쪽, 남쪽으로 바라보며 서있는 3개의 석인상이 있다. 석인상에는 단지 사람의 얼굴부분만을 묘사하는 다른 석인상들과 차이가 있다.

보안 언더르 석인상의 위치

보안 언더르 산 뒤편의 석인상들(동남쪽에서)

보얀 언더르의 석인상들을 1981년에 D.바야르가 최초로 발견하여 학자들이 연구할 수 있는 토대를 마련하였다[바야르 2002;28]. 2009년에 B.다바체렌 등이 다시 조사하여 국가 기록물에 등록시켰다[다바체렌 2009]. 우리는 이 석인상들을 서남쪽에서 시작하여 번호를 매겨 작성하고, 사진을 첨부하였다.

위치는 북위 46°04″221′, 동경 115°51″513′, 해발고도 1,153m 이다.

### ■ 제 1 석인상

이곳에 존재하는 연이은 석조물들의 서쪽 가장자리 중간에는 또한 한 석인상(표면에 어떠한 묘사도 되어있지 않은)이 같이 꽂아져 있었다. 석상은 회백색의 큰 화강암으로 만들었는데, 머리 부분에 눈, 코, 입을 묘사해 놓았다. 인중 부분을 튀어나오게 남겨둔 것은 두꺼운 콧수염처럼 보인다. 얼

보얀 언더르 산 뒷편의 제 1 석인상

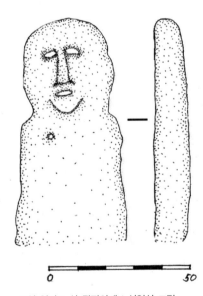

보얀 언더르 산 뒷편의 제 1 석인상 그림

굴 밑 부분에 턱 부분을 묘사했다. 가슴의 오른쪽 윗부분에 직경 2cm 가량
의 동그라미를 새겨 넣었다. 석인상의 오른쪽, 왼쪽, 뒤쪽의 표면에 어떠한
문양도 없다.

석인상의 규격은 높이 0.7m, 너비 0.33m, 두께 0.1m 이다.

### ■ 제 2 석인상

길게 늘어서 석조물들의 중간에 자리하는데 이 석인상 둘레 지름 5m의
돌 구조물이 만들어져 있는데 그 구조물의 남쪽 가장자리에 세워져 있다.
석상을 회백색 화강암으로 만들어졌다. 돌은 전체적으로 자연적인 모습을
활용하였는데, 얼굴 부분은 간단하게 표현했다. 얼굴에는 눈썹, 눈, 코, 입
을 새겨놨다. 가슴 윗부분에 직경 2cm 가량 되는 두 개의 동그라미가 새겨
져 있는데, 이것은 가슴을 상징하는 묘사이다. 석인상의 오른쪽, 왼쪽, 뒤

보안 언더르의 제 2 석인상

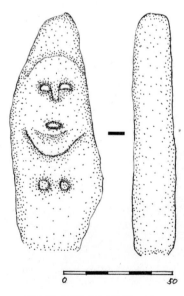

보안 언더르의 제 2 석인상 그림

쪽의 표면에 어떠한 문양도 없다.

석인상의 규격은 높이 0.7m, 너비 0.26m, 두께 0.21m 이다.

### ■ 제 3 석인상

이 석인상은 근처의 돌들을 모아 작은 오보를 세운 구조물의 남쪽 가장
자리에 있다. 이 석상은 회백색 화강암으로 만들었는데, 머리 부분만 남아
있는 상태로 세워져 있다. 사람의 머리 형태로 다듬어 얼굴 부분에 눈썹,
눈, 코, 입을 묘사하였다. 활 같이 구부려진 눈썹 안쪽의 끝부분을 밑으로
내려 그려서 코 부분을 그렸다. 석인상의 표면에 어떠한 문양도 없다.

석인상의 규격은 높이 0.28m, 너비 0.25m, 두께 0.13m 이다.

보얀 언더르의 석인상은 몽골제국시대(13~14세기)와 연결하여 보았다.
이것은 어떤 측면에서는 회의적이기도 하다. 사람의 얼굴이 새겨진 석인상

보얀 언더르의 제 3 석인상

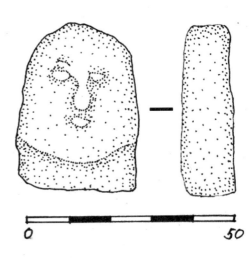

보얀 언더르의 제 3 석인상 그림

이 있는 석조물이 중 누흐트의 부근의 몇몇 지역에 있다고 알려졌고, 다른 아이막들의 지역에도 간혹 확인되기도 한다.

### ④ 중 누흐트 강의 석인상

에르덴차강 솜의 군청소재지로부터 동쪽 25km 부근, 중 누흐트 강 언덕 위에는 10기의 석조물이 있다. 이 가운데 동남쪽 가장자리에는 남향을 바라보고 세워진 4기의 석인상이 있다. 이 석인상들은 몽골정부 연구원들이 발견하여 국가 기록물에 등록하였다[다바체렌 2009; 133]. 조사단은 이전의 조사기록을 근가로 하여 남쪽부터 번호를 매기고 기록하여 조사를 하였다.

위치는 북위 46° 04" 081 ′, 동경 115° 49" 418 ′, 해발고도 1,032m이다.

중 누흐트 강의 석인상들의 위치

## ■ 제 1 석인상

이 석인상은 줄지어 서있는 석조물들의 가장 서쪽 가상사리에 자리하고 있다. 이 석인상은 지름 7.6m 정도 되는 부서진 돌 구조물의 남쪽 부근 정면에서 남향을 바라보며 세워져 있다. 이 석인상은 약간 동쪽으로 기울어져 있다. 이 석상을 회백색의 화강암으로 만들었는데 어떤 부분에는 주황색 돌이다. 이 석인상은 통째로 만들어졌는데, 머리 부분을 몸통부분과 구분하기 위해 목 부근을 파내었다. 각 부위의 특징을 보면 머리는 모자를 쓰고 있으며, 얼굴에는 눈썹, 눈, 코, 콧수염, 입 등을 새겼는데, 눈과 코는 연결시켜 놓았다. 이것을 조각할 때 음각, 양각을 모두 사용하였다. 가슴 부근에 직경 3cm 되는 동그라미를 만들어서 젖을 표현한 것이다.

석인상의 크기는 높이 0.28m, 너비 0.25m, 두께 0.13m 이다.

중 누흐트 강의 제 1 석인상

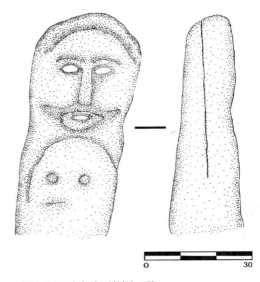

중 누흐트 강의 제 1 석인상 그림

■ 제 2 석인상

제 1 석인상으로부터 동북쪽으로 30m 거리에 직경 6m되는 돌 구조물
의 남쪽 가장자리에 남향을 바라보며 세워져 있다. 이 석인상은 회백색의
큰 화강암으로 오른손에 잔을 잡고 있는 모습인데, 오른쪽으로 기울어져
있다. 석인상의 머리 부분은 갈라지고 깨진 상태로 약간 기울어져 있다. 무
너진 머리의 얼굴부분에는 눈썹, 눈, 코등이 새겨져 있다. 그러나 다른 것
이 새겨지지 않았다. 오른손에 촛대모양의 잔을 가슴 부근에서 잡고 있는
것이 새겨져 있다. 손가락 사이가 나눠진 것이 구분되나 왼손의 위치는 알
수 없다. 석인상의 다른 면들의 표면에는 조각된 것이 없다.

석인상의 크기는 높이 0.62m, 너비 0.29m, 두께 0.26m 이다.

중 누흐트 강의 제 2 석인상

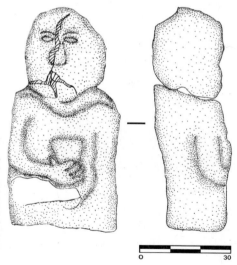
중 누흐트 강의 제 2 석인상 그림

## ■ 제 3 석인상

제 2 석인상으로부터 서북쪽으로 30m 거리에 지름 7.5m 정도 되는 부
서진 돌 구조물의 남쪽에 세워져 있는데, 이 석인상은 약간 서쪽으로 기울
어져 있다. 이 석인상은 회백색의 화강암으로 만들어졌는데, 방형이고 다
듬은 돌의 넓은 부분에 눈썹, 눈, 코, 콧수염, 입을 새겼는데, 눈썹과 코를
이어서 새겼다. 입의 아랫부분에 턱을 활같이 그려 구분하였다. 석인상의
다른 면들의 표면에는 조각된 것이 없다.

석인상의 크기는 높이 0.47m, 너비 0.21m, 두께 0.18m 이다.

중 누흐트 강의제 3 석인상

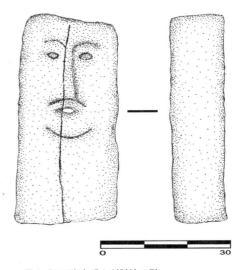

중 누흐트 강의 제 3 석인상 그림

## ■ 제 4 석인상

제 3 석인상의 앞에 제 4 석인상의 얼굴이 떨어져 비스듬이 묻혀 있었

다. 석인상을 회백색의 화강암으로 만들었다. 보이는 부분을 볼 때 얼굴에
는 눈썹, 눈, 코, 입을 새겼는데, 양각으로 하였다. 오른쪽 얼굴에는 반달
모양의 귀가 새겨져 있다. 왼쪽도 있었을 것인데 떨어져 나간 것으로 보인
다. 나머지 몸통부분도 새겨져 있을 것인데 묻혀있어서 알 수가 없다. 석인
상의 크기는 높이 0.23m, 너비 0.12m, 두께 0.15m 이다.

중 누흐트 강의 제 4 석인상

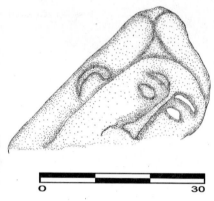

중 누흐트 강의 제 4 석인상 그림

### ■ 제 5 석인상

줄지어 서있는 석조물들의 동쪽 가장자리에 지름 7m 정도 되는 파괴된
돌 구조물의 남쪽에 뒤로 겼혀진 기울어진 상태로 세워져 있다. 석인상은
회백색의 화강암으로 만들었는데, 자연석의 한 면을 다듬어 평평하게 하
여 눈썹, 눈, 코, 입을 새긴 사람의 얼굴을 표현했는데, 다른 면들의 표면에
는 조각된 것이 없다. 이 석인상의 크기는 높이 0.68m, 너비 0.29m, 두께
0.14m 이다.

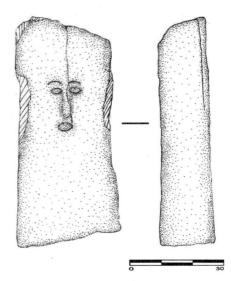

| 중 누흐트 강의 제 5 석인상 | 중 누흐트 강의 제 5 석인상 그림 |

중 누흐트 강의 석인상들은 모두 회백색의 화강암으로 만들었고, 제 1 석인상을 제외하고는 단지 사람의 얼굴만 묘사하였다. 이 석인상들의 얼굴 부분을 양각과 음각하는 2가지 방법으로 만들었다.

### ⑤ 숑흐 타반톨고이의 석인상

도르노드 아이막의 할흐골 솜의 군청소재지로부터 서북쪽 50km 부근, 舊 할힌골 솜의 군청소재지(현재 할흐골 '박'의 중심)로부터 남쪽으로 7km 부근에 숑흐 타반톨고이라는 구릉 정상 부에 석인상 1기가 있다.

여기에는 최근에 공동묘지가 형성되었기 때문에 현지 사람들은 샤릴링 오하(시신의 둔덕)라고 부르고 있다. 예전에 이곳에는 2기의 석인상이 있었는데 1기를 1999년에 국립역사박물관에 옮겨서 보존하고 있고 현지에 남아있는 석인상을 보호하기 위하여 철책을 둘러놨다.

숑흐 타반톨고이의 석인상들을 1962년에 N.세르-오드짜브가 최초 발견하여 보고서를 만들었고 그로부터 얼마 후인 1969년에 L.L.빅토로바가 시작하여, 1984년에는 L.L.빅토로바와 G.메네스 등, 1992~1995년에는 '한-몽 공동 동몽골프로젝트' 팀들이 계속하여 연구를 하고 있다[바야르 2002; 23-31].

1998년에는 G.공고르짜브 등, 1999년에 G.엔흐바트 등, 2008년에 B.다바체렌 등이 이 석인상을 조사하여 관련된 보고서들을 문화유산센터의 기록보관소에 등록하였다[곤고르짜브 1998, 엔흐바트 1999, 다바체렌 2009; 112-113].

숑흐 타반톨고이의 석인상들을 1994, 1998, 2008년에 몽골 정부가 지정한 '국가, 아이막, 수도의 보호해야 할 역사, 문화 유적'에 지정되어 국보로 등록하였다.

현재 숑흐 타반톨고이의 석인상의 머리 부분은 부서져 몇 조각만 남아 있다. 석상을 회백색 화강암으로 등받이가 없는 의자 위에 앉아있는 사람의 모습을 조각하였다. 석인상의 크기는 높이 136cm, 너비 0.52m, 두께 0.45m 이다. 머리 부분은 오랜 시간 동안 풍화되었기 때문에 얼굴 부분이 사라져 알 수 없게 되었다. 둥근 봉오리와 두툼한 테를 두른 둥근 모자를 쓰고 있었을 것은 확실하다. 오른손에는 잔을 가슴부근에서 잡고 있으며 왼손은 왼 무릎 위에 얹어 놓았고 가슴 부근에서 조금 아래쪽으로 숙이고 앉아있는 상태를 묘사하였다. 의자 양손잡이의 끝은 뿔 모양 같이 위로 둥글게 말려져 있다. 오른쪽 옆구리 끝에는 직선으로 조각된 세투르와 작은 합타가가 새겨져 있고 왼쪽 옆구리에는 장식을 새기지 않은 끝을 지닌 세투르가 있는 합타가가 새겨져 있다.

이 합타가들은 둥근 바닥을 가진 합타가이고 한 부분은 의자의 안쪽에 덮였다고 생각 되는 부분을 제외한 반만 새겼다. 의자 뒤의 등 받침은 양쪽

송흐 타반톨고이의 석인상의 위치

에서부터 이어져 온 등 받침을 위로 둥글게 말아서 중간에서 만나게 하였고 교차되는 윗부분에는 물병 같은 모양을 묘사했다. 얇은 옷은 소매가 있는 헐렁한 델의 표면에 짧은 소매가 있는 외투 같은 것을 입고 있다. 그러나 이 의복의 표현은 소매가 분명히 보이지만 사람의 몸에 붙어 있는지 없는지는 알 수 없다. 이유는 의복의 접힌 주름과 앞섶이 나와 있지 않고 연결되어 있기 때문이다. 발 부분에는 신발의 묘사가 없다.

송흐 타반톨고이의 석인상 표면의 어떤 부분은 매우 풍화가 심하여 색이 바랬기 때문에 보호를 강화해야 할 필요가 있다.

위치는 북위 47° 57" 835 ′, 동경 118° 09" 307 ′, 해발고도 656m 이다.

송흐 타반톨고이의 석인상 (동남쪽에서)

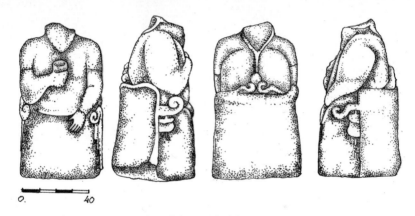

송흐 타반톨고이의 석인상 그림

이 지역에는 전설로 전해져 내려오는 석인상이 있었는데, 이 석인상은 고구려 시조인 주몽상으로 전해지는 것이었다. 이 상은 의자에 앉아 있는 상의로 얼굴은 둥근 형태이고, 이목구비가 뚜렷하고, 큰 귀가 인상적이다. 모자를 쓰고 있었으며, 보기 드물게 왼손을 잔을 들고 있었다.

주몽상 전면

　몸통은 두툼하게 살이 찐 형상이고, 오른팔이 유난히 두텁다. 오른손은
의자의 팔걸이에 걸쳐 편안한 모습이다. 의자에 앉은 모습으로 볼 때 다리
는 매우 짧은 편이다. 옷은 분명하게 입은 모습이고 하의는 통으로 된 몽골
전통 옷과 비슷하다. 회색의 대리석이다. 크기는 160cm×70cm×48cm
이고, 무게는 약 800kg으로 추정된다. 연대는 13~14세기 경으로 추정된
다. 이 상은 이곳의 전설로는 고구려 시조인 '주몽상'으로 전해지고 있고,[26]
현재까지 조사된 몽골 석인상 중에 가장 큰 것으로 현재 국립 몽골박물관
으로 옮겨 전시되고 있다. 이 석인상은 새김 기법이 여타의 석인상들과는
다른 숙련된 기법을 보이고 있다. 전체적인 분위기는 몽골전통의 석인상과
는 전혀 다른 해석이 가능하다는 것이다. 이에 대한 별도의 연구가 꼭 필요

---

26) 이 지역 사람들에게 전해지는 전설로는 아주 오랜전에 코리 사람들이 이곳에 살았었는데
　　그곳에서 살다가 먼 북쪽으로 떠났다는 전설이 전해지고 있다고 말해주었다.

주몽상 상반신

주몽상 측면

원(元) 인종(仁宗)- 여름 조복 입은 초상화
(머리는 변발이고, 관은 발모(鈸帽)를 썼다.

하다.

　몽골 지역에서 석인상이 나타나기 시작한 것은 내몽고 적봉시의 흥륭
와문화에서 부터 시작이다.[27] 이 문화는 지금부터 8000년 경의 문화로 내
몽고 동남부에 주로 분포하던 문화이다. 이 문화 이후에도 많은 석인상들
이 만들어 졌는데, 홍산문화시기에는 옥으로 만든 사람들도 있었다. 그 후
에도 많은 석인상들이 만들어 졌는데. 그 전통은 석불이라든지 한국의 묘

---

27) 박진호·복기대: 『요서지역 초기 신석기문화연구』, 주류성, 2016년.

홍산문화 석인상(내몽고 적봉시박물관 소장)

지문화에 많이 세워지는 돌 장식품들과도 연관성이 있지 않을까 추측된다. 이런 전통은 비단 남만주 일대만이 아니라 오늘날 몽골 공화국 내에서까지 전해졌고, 그 전통이 13~14세기 경에 많이 조성된 것이 아닌가한다.[28]

## 2) 사슴 돌

사슴 돌은 몽골초원지대의 대표적인 석조문화재이다.[29] 그러나 몽골 동부지역에서는 흔하지 않은 것으로 과거에는 없는 것으로 알았으나 최근에

---

28) 이 글에서는 몽골학자들의 견해에 따라 연대를 14세기 전후로 보지만 실제로 모든 자료들을 참고로 연대를 추정한 것은 아니었다. 그러므로 이 석인상들의 연대는 앞으로도 심도 있는 연구를 통하여 추정해봐야 할 것이다.

29) 박원길: 『유라시아 초원제국의 샤머니즘』, 민속원, 2006년

하쯔 노르의 방형묘, 사슴돌들의 위치

하쯔 노르의 방형묘, 사슴돌들(서북쪽에서)

발견되었다. 많지는 않지만 상징성이 있어 소개를 한다. 위치는 북위 48°
38" 054′, 동경 110° 38" 128′, 해발고도 1,082m이다.

빈데르 솜의 군청소재지로부터 서남쪽 60km, 빈데르의 아라샹 하드로
부터 동북쪽으로 2~3km의 사이에 올론 노르 호수의 북쪽 둔덕 위에 2기
의 사슴돌과 14기의 방형묘가 있다. 이 유적은 처음에 발견되었을 당시 대
부분 무너져 있었다. 현재의 상태는 직경 10~11m 정도 되는 원형으로 정
리되어 남아 있다. 이 주위에는 2.4 x 3.4~5.3 x 6.1m의 크기들의 방형 무
덤들이 있다. 고분들의 울타리를 크지 않은 평평한 돌로 둘러쌓았다. 어떤
고분은 네 모퉁이에는 높지 않은 타원형의 돌을 세워놓았다. 전체 고분들
석열의 높이는 0.3~0.4m쯤 된다.

사슴들의 개요는 다음과 같다.

하쯔 노르의 제 1 사슴돌(서북쪽에서)

### ■ 제1 사슴 돌

2기의 사슴 돌 중 오른쪽에 서 있
다. 이 사슴 돌은 사질 화강암으로 만
들었고 높이는 2.5m, 너비 0.31m,
두께는 0.41m 이다. 사슴 돌 몸통에
6~7마리의 사슴을 새겼다. 사슴 돌
의 표면은 많이 풍화되어 닳았고 어
떤 부분은 떨어져 나갔기 때문에 다
른 것이 묘사된 것은 보이지 않게 되
었다. 밑 부분은 땅을 파서 세우고 쓰
러지지 않기 하기 위하여 다른 돌을
옮겨와 지지대로 쌓았다.

■ 제 2 사슴 돌

2기의 사슴 돌 중 왼쪽 것이다. 이 사슴 돌을 또한 사질 화강암으로 만들었고 다른 사슴돌과 비교해보면 묘사된 내용이 잘 남아 있다. 사슴 돌은 높이 2.3m, 너비 0.42m, 두께 0.30m 이다. 사슴 돌의 남쪽면에는 어떤 것이 조각되었는지는 알 수 없다. 사슴 돌의 서쪽에는 크고 작은 두개의 동그라미를 그 밑에는 가로로 직선이 그려져 있고 그 밑 부분에 세 마리의 사슴이 동쪽면으로 올라가면서 새겨져 있었다. 사슴 돌의 북쪽 윗부분에는 손잡이가 있는 괴통과 도장을 묘사한 것이 있고 그 밑 부분에는 사슴 돌의 위 부분을 둘러싼 직선이 그려져 있다. 이 부분에는 어떠한 것도 묘사되어 있지 않다. 사슴 돌의 동면의 오른 쪽 위 모퉁이에 한 개의 원이 있고 밑으로는 가로로 선을 그렸고 그 밑 부분에 네 마리의 사슴들이 거꾸로 눕혀져서 새겨져 있다. 가장 밑 부분에 있는 사슴의 엉덩이 부분은 가로로 그려진 선

하쪼 노르의 제 2 사슴돌(남쪽에서)

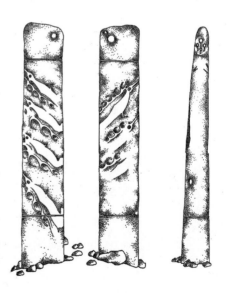

하쪼 노르의 제 2 사슴돌 그림

에 의해 나뉘어졌다.

사슴 돌의 표면에 그려진 사슴들은 모두 일반적인 형태이며 위와 아래 양 부분에는 사슴 돌을 구분하는 가로선이 그려져 있다. 사슴 돌에는 무기나 여타의 것들이 그려졌는지는 알 수 없다.

하쪼 노르의 사슴 돌들은 현재 몽골의 전 지역에서 알려진 600여 개 되는 사슴 돌 가운데 가장 동쪽 가장자리에 위치해 있다.


## 5. 오보 및 사원

오보는 몽골에서 가장 흔히 볼 수 있는 언덕마루의 기도처이다. 이 기도처를 만드는 것은 특별한 형식은 없고 돌을 쌓아 올린 형태이다. 지금도 사람들은 돌을 주워다가 던져 쌓아 계속하여 오보를 만들고 있다. 이런 오보는 몽골에서 가장 중시되는 신성구역이기도 하다. 몽골 사람들은 아무리 바빠도 오보 앞에서는 멈춰서 세 바퀴를 돌면서 축원을 한다.[30] 뿐만 아니라 지금도 이곳에서 무당들이 굿을 하는 것을 볼 수 있는데 이런 것들을 볼 때 오보는 몽골사람들의 일상생활에서 떼어 놀래야 떼어 놓을 수 없는 것이다. 그러나 이런 오보가 언제 처음 시작되었는지, 그리고 처음에는 어떤 의미로 오보를 언덕마루에 세웠는지 그것은 아직 모른다.

다만 우리가 알 수 있는 것은 이 오보는 지금도 계속 만들어지고 있다는 것과 몽골 사람들은 더더욱 중시하기 때문에 연구자들에게는 몽골을 이해하기 위해서는 먼저 필수적으로 오보를 알아야 한다는 것이다.

---

30) 요즈음에는 자동차가 많기 때문에 내리는 것 보다 차로 달리면서 경적을 세 번 울리는 경우도 많다. 오보도 곧 없어질 것이다.

알탄 오보 전경

　이 글에서는 오보는 많이 언급하지 못했다. 그 이유는 가는 곳마다 오보가 있기 때문에 이것을 다 언급할 수 없기 때문이다.

　오보를 만드는 것은 언덕위에도 만들지만 자연지형을 이용하여 만들기도 한다. 대표적인 예로 몽골 동부지역에서 가장 신성시 되는 오보가 알탄 오보인데, 이 오보는 바로 다리 강가 군청소재지서북쪽에 위치하고 있는 산마루에 만들어져 있다. 이 오보는 '알탄 오보'라 하는데 많은 사람들이 아침에 이곳에서 해맞이를 하곤 한다. 주위를 돌아보면 이 산 전체가 오보로 볼 수 있는데 이 산 주위에 동서남북으로 탑을 세워 이 오보와 관련시켰다. 뿐만 아니라 이 오보를 중심으로 많은 무덤들이 만들어져 있는데, 와란합찰의 무덤군도 이 오보와 연관이 되어 있지 않나 한다.

　현재 이 오보는 전 몽골인들에게 있어서 중요한 오보로 국가사적으로 되어 있다. 이 오보는 아직 여성들에게는 개방되지 않아서 올라갈 수가 없다. 몽골의 오보는 반드시 샤만과 연결시켜 봐야 한다. 대부분의 오보에서 샤만들이 굿을 하는데 이런 의식은 지금도 몽골 곳곳에서 진행되고 있다.

　조사단은 조사를 진행하는 과정에서 현재 샤만의식을 진행하는 오보를 참관할 기회가 있었다.

　이 제례의식은 다른 지역 주민들이 이 오보에서 제례를 치루면 결과가 좋다고 전해 들어 이곳에 제례의식을 치룬다고 하였다. 이 제례에서는 남

제례의식에 참여하고 있는 주민들

자와 여자 샤만이 공동으로 제례를 집전하고 있었다. 여자 샤만은 종이에 그림을 그린 가면을 쓰고 있었고, 남자 샤만은 가면을 쓰지 않았다. 관은 새의 깃털로 장식한 것을 쓰고 있다. 남자 샤만은 섬유로 끈을 꼬아 줄을 만들고 그 끝에 술을 달아서 몸에 걸고 있었는데 매우 많았다. 이와 반해 여자 샤만은 간단한 술 장식을 한 옷을 입고 있었다. 이 술 장식은 남자 샤

남자 샤만 모습

여자 샤만 모습

남자 샤만의 제례 의식

만은 옷 밖으로 달았고, 여자 샤만은 옷 안으로 넣었다.

　남자 샤만이 주도를 하는데 이 샤만이 입고 있는 옷의 무게가 약 70kg 정도라고 하는데 무더운 날에는 견디기 힘든 무게이다. 이 의식은 오보에 형형색색의 기를 걸고, 이 오보를 돌아가면서 의식을 치루고 있었다.

　제물로는 양을 잡고 그밖에는 일상생활에서 흔히 먹는 것들이었다. 이

제례의식 제물

제례의식에 쓰일 양

음식들은 다양한 종류였는데 낮은 상위에 접시를 사용하여 두텁게 상을 차렸다.

샤만이 오보를 돌면서 제례를 진행하는 동안 제례 의뢰자들은 오보에 둘러 앉아 기도를 올리며 축원을 하고 있었다.

### ① 갈링 강의 오보 유적지

도르노드 아이막의 세르겔렝 솜의 군청소재지에서부터 동남쪽으로 13km 부근, 갈링 골의 남쪽, 갈링 오보트라는 언덕의 위에 한 줄에 3군데의 돌로 쌓은 오불고가 있다. 지역민들은 이것을 오보라고 부른다.

갈링 강의 오보 유적은 2009년 국가 문화유산센터의 연구원들이 발견하여 국가 문화재로 등재하였다. 그 후 이러한 종류의 유적을 2008년에 수흐바타르 아이막의 멍흐한 솜의 사원의 '돕쪼'라는 지역에서 [나왕 등

갈링 강의 오보 유적지 위치

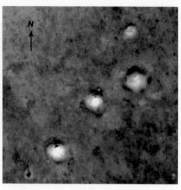

갈링 강의 오보 유적지(오른쪽부터)　　　　　갈링 강의 4개 구조물의 위성 사진

2008; 5-87], 툽신쉬레 솜의 볼긴 '돕조'라는 지역에서[다바체렌 2009; 97]
각각 확인하였다.

위치는 북위 47° 55" 827 ′, 동경 117° 59" 355 ′, 해발고도 602m 이다.

조사단은 갈링 오보 유적지를 서남쪽부터 시작하여 번호를 부여하여 기
록하였다.

### ■ 제 1 구조물

3기의 구조물 중 서쪽에 자리한다. 원래 돌로 쌓여진 것들은 많이 무너
지고 지금은 흙을 덮어 모양을 만들었다. 이 지역 사람들이 근처에 흩어져
있던 돌들을 다시 정상에 모아 싸놓으면서 오보가 세워졌다. 위에 드러나
서 알 수 있는 돌들이 쌓인 것을
보면 본래 구조물에 직사각형으
로 틀을 잡고 돌을 쌓아 올려 피
라미드 같이 만들었다. 현재 남
아 있는 것은 5층이다. 여기에
사용된 돌들의 형태는 다듬어
서 사용한 것으로 보이고, 크기

갈링 강의 제 1 구조물(동남쪽에서)

는 서로 다르다. 제 1 구조물의 드러난 정상부위의 돌들이 쌓인 모든 부분은 반경 5 x 5m 정도의 크기이나 토대부분으로 보면 직경 18m 정도가 된다. 그 위에 세웠던 오보와 같이 높이는 지상에서 2m정도 된다. 이 구조물의 주변에 해자가 있었던 곳으로 보이는 움푹한 땅이 확인되었다.

### ■ 제 2 구조물

제 1 구조물에서 동쪽으로 40m의 거리를 두고 위치한다. 원래 돌을 쌓았는데 무너져 내렸고 그 위에 다시 돌을 쌓은 것이다. 정상부분에 쌓은 2~3개 층은 잘 보이지 않는다. 크기는 토대부분은 직경 15m이며, 정상부의 둥글게 흙으로 덮인 것은 반경 1.5 x 1.5m 크기로 돌로 쌓여져 있는 구조이다. 지상에서 높이가 1.3m 정도 된다. 제 1 구조물과 같이 밖에 해자로 보이는 움푹한 땅이 있다.

갈링 강의 제 2 구조물(동남쪽에서)

갈링 강의 제 3 구조물(서남쪽에서)

### ■ 제 3 구조물

제 2 구조물로부터 동쪽으로 30m 밑에 위치한다. 현재 정상부분에는 흙으로 쌓은 다음 그 위에 몇 개의 돌을 올려놓았다. 바닥 직경은 18m 정도 되며, 높이는 1.4m 정도이다.(이 구조물의) 돌로 쌓은 것을 보고한 자료는 보이지 않는다.

## ■ 제 4 구조물

제 3 구조물로부터 북쪽으로
30m 정도의 거리에 있다. 평평
한 사각형의 돌들을 잘 정돈하여
배열한 직각의 구조물이다. 반경
4.2 x 6.2m의 크기이며, 높이는
0.2m로 돌로 쌓여져 있다.

갈링 오보라는 이 유적들은
외적인 설계구조에서는 동일하

갈링 강의 제 4 구조물(동남쪽에서)

고, 단지 크기에서 다를 뿐이다. 연구팀의 에르덴 바타하르 교수는 이 유적
지는 중국 요서지역의 홍산문화(올랑하드)와 관련된 특징이 있다고 말하였
다.[31]

글쓴이의 생각은 좀 다르다. 아마도 오보로 보는 것은 분명 문제가 있는
것 같고 그렇다고 이것을 홍산문화유적과 연결을 시킨다면 많은 문제가 있
다. 여기서 분명하게 정할 것은 홍산문화 사람들이 아니더라도 적석무덤을
만든다는 것이다. 그리고 홍산문화 사람들이 이곳으로 이주를 한 것인지
아니면 홍산문화의 영역내인지도 확인을 해야 한다. 그리고 와란합찰에 있
었던 적석무덤의 연대는 이미 기원전 10세기 전후로 확인되었다. 그러므로
오보는 아니라고 볼 수 있고, 다른 하나는 홍산문화와 직접 연결시키는 것
은 많은 문제가 있다는 것이다. 여러 가지 정리를 해보면 본 유적지를 앞으
로 자세하게 연구하여 지역의 고대 연구에 어떠한 임무를 완수할지를 분명
히 해야 할 필요가 있다.

---

31) 이 의견은 에르덴 바타흐르 교수의 견해였다.

## 2) 이흐 보르한트(사원)

솜의 군청소재지로부터 북쪽 30km 부근 헤를렌 강의 서쪽 강변의 이흐 보르한트의 국경부대가 있는 서남쪽의 비탈진 곳 남향에 위치해있다.

이 유적을 19세기 초반에 몽골 도르노드 지역에 헤추 토 왕의 이름으로 유명한 톡토 흐터르 왕의 주도로 시작하여 1859~1864년 완성하였다.

이 유적을 최초 1949년에 소련의 학자 A.P.오클라드니코브가 조사하고 간략한 기록물을 남겼고, KH.페를레가 1950~1960년에 조사하였다.

위치는 북위 47° 52″ 300´, 동경 118° 27″ 27´, 해발고도 665m 이다.

이 큰 부처상을 만든 이유는 19세기 중반에 세첸 한 아이막 전체를 덮친 자연재해인 가뭄, 화재, 질병이 몇 차례에 걸쳐 발생하면서 아이막과 호쇼 (旗)들의 주민들이 피폐해졌다고 한다. 이 고난으로부터 백성들을 구원하

이흐 보르한트의 위치

이흐 보르한트(동쪽에서)　　　　관세음보살 부분(동남쪽에서)

고, 조국의 국경을 외국의 지배로부터 보호하기 위한 방법으로 세첸 한 아이막의 대집회에서 논의했지만 합의점을 찾을 수 없었다. 어쩔 수 없이 이난관을 극복하기 위하여 당시 가장 영향력 있는 승려에게 문의를 하게 되었다. 그들은 '불교 가르침에 의하면 관세음보살을 여러 개, 아니면 아주 크게 만드는 덕을 쌓으면 이런 어려움에서 손해를 적게 보고 벗어날 수 있다'라고 대답하였다. 따라서 이 유적을 할흐 강의 서쪽을 따라 경사진 지역에 세우게 된 역사이다. 이흐 보르한트를 만드는 작업에는 180여명 가량의 공인들이 참여하여 5년 동안 만들었다고 한다. 어떤 기록에 의하면 이 유적을 처음 만든 것은 다른 곳이었는데, 이곳으로 옮겨와 이 곳에 다시 만들

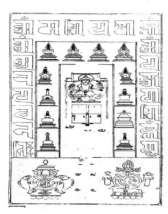

이흐 보르한트의 전면도　　　석조 부처상(동북쪽에서)

었다는 설도 있다. 그러나 언제, 어디서부터 옮겨왔는지에 대한 명확하게 알 수 있는 증거가 없다.

이 유적은 여덟 가지의 어려움을 이겨내는 관세음보살을 본존불로 중심에 모시고 이 주위에 113 x 63, 220 x 97m 가량 크기의 양 겹으로 된 직사각형 모양의 돌로 담을 쌓았다. 담 사이에는 범어로 '옴 마 니 바드 홈, 옴 바자라 바니 홈 파드, 옴 라 바즈나다'라는 20글자를 땅에 돌들을 박아서 만들었다. 문에는 오른쪽에는 팔보(八宝), 왼쪽에는 칠보(七宝)를 돌로 박아 만들었다. 담 안쪽에는 12기의 탑을 돌로 만들어 땅에 박았다. 부처님의 머리가 있는 쪽에는 부처님, 백색 문수보살, 백색 타라보살, 뎀칙가라브 등 20 여 개의 부처상을 돌로 만들어 모시고 있다. 이흐 보르한트의 유적은 몽골 미술의 평평하게 그림을 그리는 방법으로 만들었고, 부처상들은 돌을 새겨 만들었는데 새긴 연장은 둥근 끌로 새겼다.

이흐 보르한트의 유적은 몽골의 동부에서 일어났었던 전란으로 인하여서 많은 부분들이 파괴되었었다. 1995년에 이흐 보르한트의 재건작업을 지역민들의 주도로 시작하게 되었고, 1995~1997년들에 과학아카데미에서 '이흐 보르한트'의 유적과 관련된 조사, 발굴, 재건 작업을 하였다. 이 재건 작업의 결과 현재의 모습을 갖췄다.


# 6. 바위그림


앞서 말한 바와 같이 몽골은 평평한 초원이 드넓게 펼쳐진 나라이다. 그렇기 때문에 좋은 점도 있지만 어려운 점도 있다. 특히 먼 거리를 이동할 때 기준점이 없을 경우 길을 잃는 일들이 허다하다고 한다. 그러므로 어떤 표식을 기준으로 다음 목적지로 이동하여 여행에 안전을 도모하는 방안을 강구한듯하다. 이 방안 중에 가장 흔한 것은 오보이고, 그 다음으로 바위에 표식을 하는 것도 하나의 방법이었다. 이런 표식은 오늘날 까지 남아 있어 연구자들에게 많은 관심을 끌게 한다. 이런 바위그림은 몽골서부지역에는 많이 남아 있는 것으로 알려졌는데 몽골동부지역은 초원지대의 특징때문 인지 많지는 않다. 오늘날까지 남아 있는 것이 많지는 않지만 그래도 아주 오랜 옛날의 상황도 조금은 알 수 있는 흔적들이 남아 있어 이 지역을 연구 하는데 귀중한 자료가 되고 있다. 그러므로 조사단이 확인한 몇 기를 소개 해보고자 한다.

### 1) 짜르갈란팅 쉬레의 바위그림

에르덴차강 솜의 군청소재지로부터 북쪽 30km, 짜르갈란팅 쉬레라는 서북향을 바라보는 남쪽 강변을 따라 현무암의 표면 위에 많은 암각화들이 있다. 이 산은 서남쪽에서 동북쪽으로 향하여 30km를 이어가고 있고 암석 이 많으며 부분들에는 암각화들이 많이 있다.

이 암각화를 2008년에 몽골 교육·문화·과학부의 문화유산센터의 연 구원들이 최초로 발견[다바체렌 2008; 27]하여 책으로 출판하였다[엔흐바 트 2008; 62]. 그 학술 조사 보고서들에는 짜르갈란팅 쉬레에 있는 암각화 들이 그려진 시기를 구석기시대부터 청동기시기까지 약 1만년동안 그려졌 다고 보고 있다[다바체렌 2008; 27]. 조사단은 선학들이 연구해놓은 바탕 으로 짜르갈란팅 쉬레의 바위그림을 토대로 하여 동물들의 그림, 사람들의 얼굴 그림, 인장 문양으로 3개로 나누어 조사를 해보았다. 이렇게 구분한 것은 암각화가 그려진 시기를 짐작할 수 있고 또한 다른 암각화들과 비교

짜르갈란팅 쉬레의 암각화 위치

하는데 용이하다는 생각 때문이다.

위치는 북위 46° 06" 203 ′, 동경 114° 59" 211 ′, 해발고도 947m 이다.

### ① 사람의 얼굴 그림

짜르갈란팅 쉬레 지역의 바위그림들에서 사람의 여러 가지 얼굴 형태가 나타난다. 이 그림들은 너비 1cm의 선으로 그렸는데, 얼굴을 새길 때는 가능한 사실적 형태에서 벗어나, 눈, 코, 입 등 기관을 상상하여 얼굴의 위치를 정하고 아주 독특하게 묘사했다. 대부분의 그림은 단선과 복선으로 그려져 있으며, 몽골인들의 해골이라고 하여 싫어하는 것과 유사하게 그려진 것이 흥미롭다.

짜르갈란팅 쉬레 지역에 있는 어느 바위에 새겨진 사람얼굴은 하트 모양의 머리에 눈, 코, 입을 새겨 머리 라인을 따라 삼각형과 선으로 장식한

짜르갈란팅 쉬레의 얼굴 그림1

짜르갈란팅 쉬레의 얼굴 그림2

게 보인다. 이 바위그림을 보면 기뻐하며 웃고 있는 사람의 얼굴과 유사하다. 어떤 연구자들은 이것을 '탈'이라고 부르는데, 이런 종류의 바위그림은 몽골 고비지역에 위치한 바위그림이나 중국지역에서도 조사되기도 하였다. 그러나 연구대상으로 삼고 있는 이런 종류의 바위그림과 비교해보면 묘사방법, 디자인, 수량, 그림의 의미[바트볼드 2010; 75-79, 163, 도안 양 타오 2006; 88-93] 등등 많은 특별한 차이가 있다는 것이 보인다.

짜르갈란팅 쉬레 지역의 바위그림에 나타나는 사람의 얼굴 모양을 다른 비슷한 바위그림들과 비교해 보면 연대는 신석기시대와 관련될 가능성이 높다.


② 짐승 그림

짜르갈란팅 쉬레의 암각화 중간에 소, 말, 사슴, 영양 등의 짐승 그림이 있다. 여기에 있는 모든 그림들은 너비 약 1cm 정도의 선으로 그려서 새겼고, 대부분 새긴 방법은 짐승들의 몸통의 가장자리를 따라 음각하였다. 짐승들을 새길 때 몸의 실제 비율을 반영하려고 노력한 것이 몸통, 목, 머리, 다리 등의 기관을 새기는 과정에서 뚜렷하게 보인다. 예를 들면 소는 몸집이 크고 다리는 짧게, 말과 영양은 날씬하며 곧은 다리를 새겼다. 이것은 이 암각화에서 어떤 짐승들을 새겼는지 쉽게 알 수 있었다.

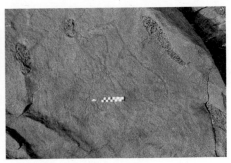

짜르갈란팅 쉬레의 동물들 그림(소)　　　짜르갈란팅 쉬레의 동물들 그림(말)

　　짐승들 그림의 다른 한 가지 특징은 대부분의 다리가 무릎 부위에서 안쪽으로 조금 구부려져 있는 것인데 이것은 짐승들을 사실적으로 그리려는 목적으로 보인다.

　　짜르갈란팅 쉬레 지역의 바위그림들에 새겨진 짐승 그림의 대다수는 소이다. 이 소들의 머리가 동쪽을 향해 고개를 약간 숙여 아주 편안하게 걷고 있거나 아주 편안하게 서 있는 모습으로 그렸다. 소의 어깨뼈 부근에서 시작하여 반달 모양의 곡선이 몸의 윗부분에서부터 뒤로 이어지는 2~4개의 곡선을 위에서부터 그려 놓았다. 곡선은 몸의 중간부분 밑으로는 그리지 않았다.

　　짜르갈란팅 쉬레 지역의 바위금의 또 다른 특징은 한 곳에 여러 마리의 짐승들을 조각하지 않았다는 것이다. 짐승하나를 새긴 바위에 다른 그림을

짜르갈란팅 쉬레의 바위그림(말)　　　짜르갈란팅 쉬레의 짐승 그림

새길 수 있는 빈 공간들은 충분했지만 이 지역 바위그림의 한 짐승들을 여유로운 공간을 두어 그리는 식으로 기준을 두었다는 점이 흥미롭다.

조사단은 몽골 지역에서 발견되어 연구대상이 된 여러 암각화 중에서 짜르갈란팅 쉬레 지역의 바위그림에서 새긴 짐승그림과 유사한 것들을 비교한 결과 옵스 아이막의 하드 우주르, 모쪼, 바얀-얼 아이막의 자강 살라, 바가 오이고르, 홉드 아이막의 찬드마니 하르 우주르, 이쉬겐 톨고이, 테멩 후주, 헨티 아이막의 아라샹 하드[체벵도르쯔 1999; 68-70], 도른고비 아이막의 비칙팅 암[다바체렌 2009;] 등의 지역에서 발견된 구석기 시대의 바위그림들과 비슷한 것을 확인할 수 있었다. 이 바위그림들의 특징은 짐승들의 몸 라인을 따라 음각하였고, 몸통 부분에 대한 사실적 묘사, 편안한 자세, 여유로운 공간 등이 주요 특징이다. 우리가 연구하는 짜르갈란팅 쉬레 지역의 짐승들의 그림이 이런 특징들을 공통적으로 나타내고 있는 것이 이들 바위그림이 구석기 시대 전기에 만들어 졌다는 추측을 하게 한다.

③ 표식문양[32]

짜르갈란팅 쉬레 지역의 암각화 속에 '표식새김'이 다양한 형상으로 나타나는데 바위그림 연구에 중요한 위치를 차지한다. 여기에 주로 태양, 발굽, 달, 삼각형 등이 많다. 이 표식들은 두께 1cm의 선으로 그렸으며 한군데에 2개 이상의 표식들을 그려 넣었다. 어떤 것은 사람 얼굴, 짐승그림 옆에 표식을 새긴 것들도 있다.

이 지역의 표식그림은 몽골 헨티 아이막의 아라샹 하드, 둔겐덱[페를레

---

32) 인장, 낙인 등의 모든 도장들을 포함하는 용어로 몽골어로 '탐가'라고 쓴다.

| 짜르갈란팅 쉬레(서남쪽에서) | 짜르갈란팅 쉬레의 탐가 그림1 |

1976; 88-169], 돈드고비 아이막의 머르트[다바체렌 2011;], 고비-알타
이 아이막의 차강 골[도르쯔 등 1975; 20-21], 중국 내몽고 적봉 등 지역
에서 발견된 여러 개의 표식그림 관련 유적에 있는 것들과 비슷하다. 그러
나 모든 표식그림들이 비슷하다고 보면 안 되는데, 그것은 짜르갈란팅 쉬
레 지역의 바위그림은 표식의 기호들과 크기, 모양, 수량이 지역의 특징을
간직하고 있다는 것이다. 어쨌든 이 표식들과 모양들은 중앙아시아 지역의
바위그림에서 신석기시대부터 초기 철기시대까지 그려졌기 때문에 짜르갈
란팅 쉬레 지역의 표식그림과 관련시켜 해석할 수 있다.

이런 표식그림이외에 별자리를 그린것으로 추정되는 바위그림도 확인
되었다. 이 바위그림은 이른바 성혈(星穴)을 새긴 것으로 흔치 않은 바위그
림이었다. 이런 그림은 내몽고에서 많이 확인되었다.

짜르갈란팅 쉬레의 탐가 그림

성혈자리 그림

짜르갈란팅 쉬레 지역의 바위그림을 종합적으로 살펴보면 아래와 같은 특징이 있다.

첫째, 바위그림에서 나타나는 무늬들은 공간적인 여유를 보이며 한 군데에 여러 그림을 그리지 않는 것,

둘째, 한 종류에 속하는 바위그림들은 그려진 시기의 정 보를 간직하고 있다는 것,

셋째, 이 지역의 바위그림들은 다른 지역의 바위그림들보다 독특한 특징을 갖는다는 것

위에서 언급한 세 가지 특징은 짜르갈란팅 쉬레 지역의 바위그림들을 깊이 연구하여 역사적, 과학적 가치와 의의를 명확하게 할 필요성이 있음을 증명해준다. 한편 이 유적지는 서북쪽에서 불어오는 바람을 향해 마주보는 위치에 있기 때문에 자연의 영향을 받을 위험한 환경 속에 노출되어 있다. 따라서 빠른 시일 내에 보호 조치를 취해야 한다.

## 2) 아라샹 하드의 바위그림

아라샹 하드는 헨티 아이막의 바트쉬레트 솜의 군청소재지로부터 남쪽 50km 부근의 호르힝 헌디로 들어가는 빈데르 산의 동남쪽 끝 부분에 있다. 지역민들은 '남쪽에 위치한 바위로부터 나오는 물은 눈에 좋다' 라고 알고 있고, 실제로 수백년 동안 눈병 치료에 쓰고 있었다. 그래서 이 바위를 현지어로 아라샹타이 하드(약수가 있는 바위) 혹은 아라샹 하드라고 불러왔다.

라샹 하드의 위치

　이 유적지는 몽골정부가 2008년 175호령으로 국보로 지정했고, 이 유적 부근은 문물보호지역으로 지정되었다. 또한 2009년에 문화유산센터의 연구원들이 내·외국의 여행자들을 위해 아라샹 하드의 동북쪽에 안내판을 세웠다.

　아라샹 하드 부근지역은 오래전에 몽골민족이 옮겨와 이주한 지역이기 때문에 이 곳에는 많은 역사유적들이 남아있었다. 이 유적들은 이른 시기부터 이곳에서 연구자들의 관심을 받아왔고, 수차례 걸쳐 조사가 진행되어 왔다.

　간단히 정리를 해보면 D.페를레는 1960년 대부터 연구를 시작하여 아라샹 하드 지역의 방형모, 바위에 쓰여진 글, 인장 문양 등을 항상 연구하고 최초로 결과를 발표하였다. 그로부터 후에 아라샹 하드 부근의 석기 유적들을 D.체벵도르쯔, B.촉트바타르 등의 학자들이 바위그림을, E.A.노브

아라샹 하드. 탐가가 있는 바위(동남쪽에서)

고로도바, D.체벵도르쯔, J.사롤보얀 등이, 글자를, L.소미야바타르, A.오
치르, TS.바트톨가, 일본학자 S.카토 등이, 고분을, D.페를레, D.나방,
KH.르학바수렌 등등의 내·외국의 많은 학자들이 연구했다.

　　2009년에는 '몽골-일본 공동' '이흐 헨티' '프로젝트' 팀들이 작성한 연구
결과를 볼 때 아라샹 하드 부근에 10여 종의 300여 개의 유물들을 찾았다
고 보고하고 있다[엔흐바트 등 2010; 52-58].

　　본 조사단은 아라샹 하드, 탐가트 합탄, 히르스트 하드, 허럭트 하드 등
유적들의 최근 상황을 소개하고 사진을 첨부한다. 북위 48° 22" 764 ´ , 동
경 110° 17" 948 ´ , 해발고도 1,115m

① 아라샹 하드(아라샹 바위)

아라샹 바위에 투르크, 몽골, 티벳, 중국, 아랍, 거란, 더르벌찐(파스파

라샹 하드의 몽골 비칙

문자) 등 7 종류로 60 여 개 정도의 글들이 쓰여져 있다. 이 곳에 쓰여져 있는 대다수는 몽골, 티벳어로 쓰여진 종교의 축원과 관련된 글들이다. 또한 '멍흐 텡게링 후칭 도르 (영원한 하늘의 힘 아래)'라고 시작되는 글들이 적지 않게 있다. 현재 많은 글들을 읽을 수가 없는데 그것은 자연 풍화로 많은 글자들이 알아 볼 수 없기 때문이다.

### ② 표식 바위그림

아라샹 하드의 동쪽 정면에 동북쪽을 향한 경사지에 평평한 큰 바위가 있다. 이 것의 표면 위에는 270여 종의 표식문양이 있다. 여기에 새겨진 표식들에 대하여 현대 몽골연구자들은 고대 몽골인들이 집회때 모였다는 것을 알리기 위해 자신들 씨족의 표식을 새긴 것이 남아있는 것이라는 것이 대체적인 의견들이다. 합탄 바위의 위부분에 새겨진 표식의 중간에 온기의 표식을 중심으로 하여 설찌르, 달, 초인돈, 세레삼지창, 낙타의 코뚜레 표식들도 있었다.

라샹 하드의 표식 그림이 있는 바위

동심원 그림

### ③ 코뿔소 그림바위

아라샹 하드에서 동북쪽으로 50M 부근, 남쪽 대지에는 거울처럼 평평한 바위가 있다. 이 바위의 표면에는 세 마리의 큰 짐승들이 그려져 있는데, 연구자들은 이 그림을 몽골의 후빙기 이전에 살았던 맘모스, 털 코뿔소 등의 그림이라고 보고 있다. 아라샹 하드 부근의 발굴에서 코뿔소의 뼈가 나온 것은 그림이 그려진 시기와 부합한다. 이 그림에 묘사된 맘모스, 털 코뿔소의 그림은 다른 시기의 그림들을 생각해 볼 때 크기가 매우 크다. 짐승들의 그림을 몸의 가장자리 부근을 선을 따라 그린 것은 짐승들의 일반적인 모습만 보여줄 목적으로 하였으며, 아주 세밀하고 현실적인 모습을 보여주려고 노력하지 않은 점이 눈에 띈다.

라샹 하드의 코뿔소가 있는 바위의 그림

### ④ 초상화 바위그림

　아라샹 하드의 오른쪽으로 모가 없고 긴 바위의 오른쪽에 높이 174cm, 너비 106cm의 크기로 새겨진, 가부좌를 틀고 앉아있는 사람의 초상화가 있다. 오른손은 자연스레 늘어뜨려 무릎 위에 얹혀있고, 왼손은 팔꿈치를 구부려 가슴 부근을 잡고 있는(이 부분은 매우 많이 풍화되어 거칠어졌기 때문에 잘 보이지 않게 되었다.) 가부좌를 틀고 앉아있는 사람의 초상화이다. 초상화를 몸의 가장자리를 따라 음각하였고, 의복, 복장의 묘사를 단선과 복선으로 그렸다. 이 초상화를 D.페를레는 12세기 하막몽골 왕(전체 몽골의 왕이란 뜻)인 호톨라(또는 코톨라)의 초상화일 수도 있다고 보았다[페를레 2001; 128]. 그러나 E.A.노브고로도바 등은 잘못그린 부처님의 초상화라고 보았다[다바체렌 2009; 80]. 지역민들도 또한 이 그림을 보르한 허럭(부처님의 초상화)나 보르한 조락(부처님의 그림)이라고 부르고 있다.

　아라샹 하드를 동쪽에서부터 서쪽으로 가면서 볼 때, 사람을 새긴 그림, 몽골 비칙들, 티벳 글자들, 말, 사슴들을 새겼는데 중간 중간에 빈 공간이 있다.

　우리가 이 유적지를 조사하러 갔을 때 아라샹 하드의 남쪽 부근에 '한—몽 공동연구팀'(서울대 이선복교수)이 구석기시대 유적을 발굴하고 있었다. 그들은 이곳외에 두 군데를 발굴 조사를 하였다고 하였다. 아라샹 하드에 있는 여러 시기의 유적들은 몽골동부 지역에서 몽골 민족이

아라샹 하드의 초상화

여러 시대를 걸쳐서 살았던 고향 같은 곳이기 때문에 장기적인 조사를 해야 할 뿐만 아니라 보호 대책도 강구해야 할 것이다.

## 7. 칭기즈칸 유적

오늘날 몽골인들의 가슴속에 살아 심장을 뛰게 하는 사람은 칭기즈칸이라는 것을 부인하는 사람은 그 누구도 없다. 그러나 몽골사람들이 이런 뜨거운 마음을 갖을 수 있었던 것은 불과 몇 년되지 않았다. 구 소련의 위성국이었던 시절에 칭기즈칸은 내세울 수 있는 사람이 아니었다. 구소련이 무너지고 몽골에서 민족주의가 일어나면서 칭기즈칸을 부활시켰다. 그것

울란바타르 교외 조성한 칭기즈칸 동상

도 국가적으로 부활을 시켰는데, 대표적으로 칭기즈칸의 출생지를 성역화
시켰다. 뿐만 아니라 몽골수도 울란바타르 동북쪽에는 세계 최대의 몽골
동상을 세워 역시 성역화를 시키고 있다. 이런 몽골의 칭기즈칸부활은 몽
골민족주의를 부활하고 그들의 역사를 잊지 않기 위한 노력으로 볼 수 있
다. 본 조사단은 칭기즈칸의 출생지를 답사하고 간단하게 이것을 기록해
놓는다.

### 1) 다달 솜 부그늬 유적들

답사팀은 헨티 아이막의 다달 솜 지역에 위치한 칭기즈칸의 삶과 업적
에 관련된 역사적인 지역을 답사하였다.

다달 솜의 위치

다달솜의 소나무

## ① 칭기즈(칸)의 동상

다달 솜의 군청 소재지에서 동쪽으로 3~4km 부근에 고르반 노르 휴양지의 담 안에 흰색의 존엄한 동상이 있다. 이 동상을 1962년에 칭기즈칸의 탄생 800주년을 기념하여 세웠다. 동상의 디자인은 조각가 L.마흐발이 했는데, 칭기즈칸 동상은 높이 12m, 너비 10m, 밑 부분이 4m의 두께로 된 타오르는 불을 상징하는 형태를 가지고 있다. 동상에 새겨진 칭기즈칸 초상화의 왼손은 허리에 대고, 오른손은 자연스럽게 늘어뜨리고 서있는 모습으로 음각하여 그렸다.

머리의 왼쪽 부근에 국가의 차강 톡을[33] 보이며 왼쪽 밑부분에는 "…Алд бие минь алжаваас алжаатугай, Ахуй төр минь б

---

33) 칭기즈칸 시대에 쓰인 깃대로 평화를 상징한다.

칭기즈칸 동상(남쪽에서)

YY алдартугай(나의 작은 몸은 피곤하지만 백성들은 피곤하지 않기를, 나의 삶과 국가가 영광되기를)"라고 몽골 전통문자로 새겨져 있다. 그 동상의 뒷면에는 "몽골 국을 설립한 칭기즈칸 탄생 800주년 기념"이라고 쓰여져 있다.

② 델룽 볼독의 기념비

다달 솜의 군청 소재지에서 동쪽으로 7km 부근, 발쯔 강의 남쪽 골짜기로 밀고 들어가는 형세를 취하는 높지 않은 산을 델룽 볼독 산이라고 부른다. 정상에는 큰 오보가 있으며 정상 중심에 남향에 평평한 곳에 '델룽 볼

델룽 볼독 오보의 위에 있는 기념비(남쪽에서)

하쪼 볼락의 안내문(동쪽에서)    하쪼 볼락

독의 칭기즈칸 무오년(1262) 여름이 시작하는 첫째 달 16일 이곳에서 태어
났다.'라고 몽골 전통문자로 새겨진 화강암으로 된 기념비이다. 몽골의 선
학인 O.자미양, KH.페를레, TS.도르쯔수렌 등이 찾아내어 이곳에 세웠다.
즉 이곳은 칭기즈칸의 탄생지로 보고 있다.


### ③ 하쪼 볼락

다달 솜의 군청 소재지의 뒤에는 적송 숲이 있는 산을 바얀 오보라고 한
다. 이 산의 동사면 옆에서 솟아나는 샘을 현지민들은 "하쪼 볼락('옆의 샘'
이라는 의미)" 또는 "칭기즈의 볼락(칭기즈(칸)의 샘이라는 의미)"라고 이름짓
고 지금도 사용하고 있다. 이렇게 이름 지은 것은 이런 전설과 관계되어 있
다. '위대한 복드[34] 칭기즈칸의 델룽 볼독이라는 지역에서 어머니에게서 태
어났을 때 하쪼 볼락의 물로 씻었다고 한다. 또한 어엘룬 어머니가 출산 후
3일이 지났을 때 하쪼 볼락의 물로 차를 끓여서 주었다…'이다.

현재 샘물의 발원지에 지하우물을 만들었기 때문에 샘물이 많이 줄어들

---

34) '복드'란 단어는 티베트 불교에서 들어온 용어로 달라이라마 같은 라마의 명칭 중 하나
    이다.

보돈치르의 움집(동남쪽에서)

었다고 한다. 자치단체장들이 이 샘물을 보호할 목적으로 발원지를 이중
울타리로 둘러쌓아 그 안에 안내문, 설명을 쓴 간판을 만들어 놓았다. 이
간판 중에 하나에는 '…주인 칭기즈칸의 마셨던 시원한 샘물…'라고 적혀
있다.

④ 보돈치르의 (건초로 만든) 움집

다달 솜의 군청 소재지에서 서북쪽으로 10km 부근에 울창한 숲 속에
보돈치르의 움집을 세웠다. 이 움집의 동남쪽에 몽골 대통령 N.엥흐바야르
가 2004년에 '역사의 길을 따라'따라 라는 여행을 하면서 기념비를 세웠다.
우리 답사팀이 방문했을 때는 고대 몽골인들의 생활을 보여주는 유물들은
볼 수 없었다.

# IV. 맺음말

# 맺음말

  글쓴이는 앞의 서문에서도 말했듯이 한민족기원이 어딘가에 대한 연구를 하는 과정에서 흔히 말하는 시베리아 바이칼 지역기원설을 확인해보고자 몽골동부지역의 역사유적을 조사해봤다. 4년이라는 세월이었지만 그 안에는 조사가 가능한 시간을 고려해보면 그렇게 긴 시간을 이 조사에 할애했다고는 볼 수 없다. 그러나 지도로 표기해보면 많은 지역을 돌아 봤다. 남으로 드넓은 초원지대를 시작하여 북으로 자작나무 숲까지 조사를 하면서 달려 보았다. 이런 여정속에서 확인할 수 있었던 것은 몽골 동부지역은 많은 사람들이 이동했었다는 것을 알 수 있었다. 그 근거는 어느 특정지역이나 특정시대를 대표하는 유적들이 발견되지 않고, 간헐적인 유적들이 발견되는 것을 봐서는 대부분 어디에서 들어 온 것이라는 것이다. 그렇다면 이들은 어디서 온것일까? 그리고 이들이 이주해온 배경은 무엇일까에 대한 설명이 필요한 것이다.

  첫째, 사람들이 이주하는 이유는 자연환경의 급격한 변화로 더 이상 그곳에서 살아 갈수 없어 다른 곳으로 이동해가는 것이다. 사람들이 살아가는데 가장 중요한 것은 물이다. 이것은 누구도 부정하지 못하지만 물 부족을 경험하지 못한 사람들은 이 중요성을 모른다.

물이란 땅에서 솟던지 하늘에서 내리던지 해야 되는데 이 조건이 되지 않으면 사람들은 그곳을 떠난다. 고대 사람들은 땅에서 솟는 것보다 하늘에서 내리는 것을 더 중요하게 생각하였다. 이유는 간단하다. 지금은 지하수 개발이 가능하지만 옛날에는 그렇지 않았기 때문이다.

물은 하늘에서 내렸고, 그 물 때문에 많은 부침이 있었고 이 물을 확보하기 위하여 종교도 싹트지 않았을까? 물은 온도와 밀접한 관계가 있다. 따뜻한 기온이 지속되면 물이 증발하여 수증기가 되고, 이것이 바람을 타고 이동을 하면서 찬 온도지역에 들어가면 비 또는 눈으로 바뀐다. 몽골 동부지역에는 언제 비가 왔을까? 먼저 몽골 동부지역에 수증기가 이동하는 과정을 봐야 할 것이다. 몽골 동부지역에서 가장 큰 비구름은 만주지역에 있는 발해만 수증기와 한국 서해 수증기, 그리고 한국 장마철에 남쪽에서 끌고 오는 수증기들, 한국 동해에서 일어나는 수증기들이 계속 비를 뿌리면서 서북쪽으로 가다가 남으면 몽골 동부지역에 비를 뿌리게 되는 것이다. 그곳도 운 좋게 약한 편서풍을 만나야 하는 것이지 강한 편서풍을 만나면 그나마 오지 않는다. 그렇게 북위 40도선에서 뿌리고 간 비가 남으면 몽골에 가서 뿌리는 것이다. 그렇기 때문에 항상 고정적인 강수량을 장담하지 못하는 것이고, 이는 사람의 삶을 늘 불안하게 만드는 것이다. 그렇지만 기후는 하루아침에 변하는 것이 아니고, 주기적으로 변화를 한다. 즉 남부지역에 따뜻한 날씨가 계속되면 그 영향은 몽골지역까지도 받게 되는데 그때는 남쪽에서 살던 사람들이 북으로 이동을 하게 된다. 여기서 남쪽이라 함은 가뭄기후의 접경지대를 말하는데, 예를 들면 중국의 화북평원에 살던 사람들이 날씨가 좋아지면 더 북쪽으로 올라간다는 것이다.[35] 이런 상황이 되며 남쪽에 있던 문화들이 북으로 올라가는 것이다. 그 이유는 남쪽에서 살던 사람들의 자기네 문화들을 그대로 가지고 가기 때문이다. 이와 반대로 강수량이 적어지고 온도가 떨어지면 북쪽에서 살던 사람들은 대부분 남쪽으로 내려오거나 혹은 동시에 물이 있는 곳을 찾아 떠나게 된다. 그런 예가 중국역사에서 상나라 말엽 북방세력들이 대거 남하하여 주족(周族)을 형성하며 결국 상나라를 무너뜨린 것이나 홍산문화후기 가뭄이 들자 서쪽에 있던 묘자구문화인들이 대거이동하면서 홍산문화와 결합하여 소하연문화를 형성한 것이 좋은 예가 될 것이다.

그럼에도 불구하고 그곳에 남아 있는 사람들도 있다. 이들은 거기에서 전설을 전승시킨다.

둘째, 정치적인 승리와 패배로의 이동이다. 정치적인 승리는 곧 어떤 형태든 침략을 말하는 것인데 이 승리는 고급문화들이 전파된다. 왜냐하면 먼저 사람들이 많이 사는 지역을 우선 점령하고, 그곳에 관리들이 파견되기 때문에 본국의 우수한 문화들이 그대로 전파된다.

유럽에서 로마시기 로마가 점령하는 땅에는 로마의 고위관리가 파견되면서 로마의 문화가 그대로 전파되어 라인강이남 유럽곳곳에 오늘날까지 남아 있는 것과 같다. 반대로 패배자의 경우는 그들이 추격자들을 따돌리고 멀리 피신을 해야 하는 것이다. 그들이 도착하는 곳은 추격자들이 쫓아와봐야 별로 얻을 것이 없는 곳으로 떠나는 것이다. 그럴 경우 대부분 오지로 들어가게 되는 것이다.

---

35) 이때 올라가면 건강도 지켜지고 농토도 넓어지는 이점이 있다. 과거에는 기후 변화로 오는 질병을 막을 수가 없었기 때문에 자기가 살던 곳이 강수량 400mm, 평균온도가 10°면 그 기후대로 옮겨 가는 것이다.

현재 중국의 티벳이나, 러시아의 바이칼 지역도 포함된다고 볼 수 있다. 이들 지역의 기후적으로 사람의 삶이 매우 큰 제약을 받는 지역이라는 것이다. 그러므로 정상적인 군대나 정치세력들은 이곳까지 더 이상 추격하지 않았다. 그러므로 그들은 고립되어 살면서 그들의 전통을 그대로 지키면서 사는 것이다. 좋은 예로 칭기즈칸이 대외정벌을 하면서 시베리아 지역은 정벌지역에 넣지 않았다는 것이다. 이유는 간단하다. 자기가 살고 있는 지역보다 더 열악한 곳을 얻어야 할 필요가 없기 때문이다.

셋째, 교역 관련이다. 교역은 서로가 필요한 물품을 대가를 지불하고 주고받는 것인데 이것이 가장 자연스런 현상이다. 동서고금을 막론하고 1차 산업인 농업경제나 유목경제, 어업경제로는 강국이 될 수 없었다. 그렇기 때문에 1차 산업을 활용하는 상업국가가 강국의 기본 출발이다. 그러므로 상업에 치중을 하는 것이다. 몽골 동부지역과 주변지역은 어떤 상업이 이뤄졌을까 하는 것이다. 고고학에서 확인한 것으로는 옥종류, 금속기 종류, 그리고 채회도 같은 기물들은 수입을 하는 것들이다. 이런 것들은 남아 있는 것으로 확인되는 것이고, 남아 있지는 않지만 교역을 했을 것이라고 추측되는 것은 소금, 짐승 가죽, 말, 혹은 양, 소 등의 고기류 등이 주로 수출하는 품목들이었을 것이다. 이를 고려할 때 몽골 동부지역도 충분히 경제적인 교류는 있었을 것으로 보인다. 다만 그 규모면에서는 어느 정도인지 짐작할 수 없다.

이런 관련을 볼 때 몽골 동부지역은 어떤 형태에 속할까하는 것이다. 글쓴이는 둘째에 해당하지 않을까 한다. 그렇기에 주몽의 전설이 남아 있고, 서로 다른 유적들이 단순하게 혼재하고 있는 것을 봐서는 충분히 가능한 것이다. 더구나 이 지역의 문화를 보면, 북에서 남으로 내려온 것보다는 남에서 북으로 올라간 현상이 뚜렷하다. 그렇다면 지금까지 우리가 한민족기원지가 바이칼호 부근이었을 것이라는 가설은 다른 각도에서 연구가 돼봐야 할 것으로 본다.

이 결과들을 정리해본다면 우리가 막연히 알고 있는 것처럼 바이칼지역에서 우리민족이 기원했다고 보기에는 많은 어려운 점이 있다. 그 이유는 무엇보다도 몽골지역은 아주 오래전에 사람들이 살기는 어려운 곳이었다. 1년내내 바람이 불고, 영상 기온은 5개월 정도 밖에 되지 않으며, 동시에 물이 너무 모자라는 것이다. 이런 지역에서 문명이 일어났다고 한다면 누구도 쉽게 이해하지 못할 것이다. 더구나 그곳에서 문명이 일어났다면 지금도 그 흔적인 많이 남아 있어야 정상인데, 조사단이 확인해본결과 전혀 그렇지가 않았다. 물론 이런 결과는 아직 조사가 덜되어 그럴 수도 있다. 그러나 몽골지역 조사는 1920년대부터 옛 소련고고학자들이 중심이 되어 많은 조사를 했다. 그 후 몽골고고학자들도 참여하여 많은 조사를 하였고, 지금도 많은 조사를 하고 있다. 그 결과 몽골공화국 경내, 특히 몽골 동부지역에서는 큰 문명이 일어났던 흔적은 확인하지 못하였다. 이런 상황에서 바이칼지역을 한민족기원지로 추정하는 것은 많은 무리가 있다고 보여진다. 이 문제는 이렇게 접어 두고자 한다.

그러나 또 다른 숙제는 주어졌다. 그렇다면 몽골 동부지역의 문화의 흐름은 어떻게 해석을 해야 하는 것인가 하는 것이다. 많은 석인상, 석성, 온돌 등등의 문화는 어떻게 해석을 해야 할 것인가 하는 것이다. 고구려 시조 주몽석상, 온돌, 석성은 만주지역의 고구려와 연결시킬 수 있을 것이다. 고대 몽골인들은 많은 석인상을 남겼지만 불상은 한 기도 확인하지 못하였다. 현재 몽골은 불교가 융성한 나라이다. 그런데 고대몽골은 불교와는 큰 관련이 없는 문화들이었던것 같다. 석인상이 만들어진 시기라고 추정되는 12세기경은 만주지역은 불교가 크게 융성하던 시기였다. 그런데 이 지역은 석불은 한 점도 발견되지 않았다.

온돌을 보거나 석성을 볼 때는 만주지역과 관련이 있는 듯 보이기는 하나 종교적인 것을 비교해보면 전혀 다른 결과가 나온다.

전체적으로 볼 때 이 지역의 문화들은 어느 지역의 문화를 주도하는 주인공보다는 어디선가 피신을 해온 문화들이라는 인상이 강하게 든다. 그러나 올 때 그들은 원래 가지고 있던 문화들을 그대로 들고 와서 그 전통을 지키고 있었다.

물론 작은 규모이기는 하지만 먼 거리 교역도 있었던 것으로 추정된다. 비록 한 점이라고는 하지만 내몽고 지역에서 보이는 채도가 다리강가 지역에서 확인된 것을 보면 교역이 있었던 것은 분명하게 알 수 있었다.

몽골 조사에서 가장 크게 얻은 것은 사람 사는데 날씨가 이렇게 중요한지 뼈저리게 경험하였다. 기후 이것은 사람들의 모든 것을 지배하였다. 기후에 따라 다양한 질병들이 발생하고, 이 질병으로 사람들이 몰살하여 한 지역의 문화가 끊어지기도 하였다. 또한 좋은 기후대가 형성되면 새로운 사람들이 모여살기도 하여 새로운 문화들이 형성되기도 하였다. 이런 경험은 그 뒤로 사서를 보거나, 누가 쓴 인류학 관련 책을 볼 때 이 사람이 현장 연구를 하고 쓴 것인지, 아니면 앉아서 자료를 수집했는지 분간을 할 수 있게 되었다. 그런 시각으로 볼 때 항간에 명저로 이름을 날렸던 『총,균,쇠』는 절대로 명저가 아니었다. 그 책은 단순한 어느 특정 지역, 특히 날이 뜨겁고 비가 많이 오는 지역을 기반으로 서술을 한 것이다. 그러므로 인류문명사를 연구할 때 보편적인 자료로 활용하기에는 많은 모자람이 있는 책이었다.

결국 글쓴이는 하나의 문제는 어렴풋이 해결을 하고, 더 많은 숙제를 앉고 말았다. 앞으로 기회가 되면 이 문제들을 좀 더 깊이 연구해볼 생각이 있다.

이 짧은 시간을 최대한 활용하여 많은 성과를 거두고자 노력하였다. 그 결과 원래 계획하였던 것만큼은 얻지 못하였지만 나름 많은 성과를 거뒀다.

# [참고문헌]

**Батболд Н.** Монголын говийн хадны зураг. /Докторын зэрэг горилсон бүтээл/ УБ., 2011

**Баяр Д.** Монголчуудын чулуун хөрөг. УБ., 2002

**Гонгоржав Г,** Энхбат Г. "Монгол нутаг дахь түүх, соёлын дурсгал" толь бичгийн хэрэглэгдэхүүн бүрдүүлэх экспедицийн өдрийн тэмдэглэл. Соёлын өвийн төв. УНБМС. УБ., 1997

**Даваацэрэн Б.** "Дорноговь аймгийн нутаг пахь түүх, соёлын үл хөдлөх дурсгалыг тоолж бүртгэсэн ажлын тайлан" Соёлын өвийн төв. УНБМС. УБ., 2009

**Даваацэрэн Б.** "Дорнод аймгийн нутаг дахь түүх, соёлын үл хөдлөх дурсгалыг тоолж, бүртгэн баримтжуулсан ажлын тайлан" Соёлын өвийн төв. УНБМС. УБ., 2009

**Даваацэрэн Б.** "Дорнод аймгийн нутаг дахь түүх, соёлын үл хөдлөх дурсгалыг бүртгэн баримтжуулсан хээрийн шинжилгээний ажлын тэмдэглэл" 2009 /Зохиогчийн хувийн архивт/

**Даваацэрэн Б.** "Дундговь аймгийн нутаг дахь түүх, соёлын үл хөдлөх дурсгалыг бүртгэн баримтжуулсан хээрийн шинжилгээний ажлын тэмдэглэл. 2011 /Зохиогчийн хувийн архивт/

**Даваацэрэн Б.** Рашаан хадны хөрөг зургийн тухай. //"Улаанбаатарын Их Сургуулийн Нийгмийн шинжлэх ухааны эрдэм шинжилгээний бичиг" №5 (4) УБ., 2009.

**Даваацэрэн.Б.** "Сүхбаатар аймгийн нутаг дахь түүх, соёлын үл хөдлөх дурсгалыг тоолж, бүртгэн баримтжуулсан ажлын тайлан" Соёлын өвийн төв. УНБМС. УБ., 2008

**Дорж Д,** Новгородова Э.А. Петроглифы монголии. УБ.,1975

**Дорж Д.** Дорнод "Монголын неолитын үейийн бууц суурин". Эрдэм шинжилгээний өгүүлэл, илтгэлийн эмхтгэл. УБ., 2007

**Дуань Янь Тао.** Улаанхадын хадны зургийн урлахуй болон ур чадварын тухайд. //"Mongolian journal of Anthropology, Archeology and

Ethnology" Volume 2. УБ., 2006

**Ерөөл-Эрдэнэ Ч.** Хүннүгийн язгууртны оршуулгын дурсгалт газруул, судалгааны тойм, өнөөгийн байдал. //"Нүүдэлчдийн өв судлал" сжтгүүл. Tom X, Fasc 6. УБ., 2010

**Ковалев А.А,** Эрдэнэбаатар Д. Великая стена Чингис хаана в Монголии (по материалам экспедиции Музея-института семьи Рерихов 2005 и 2007 годов) Nomadic Studies. №17 УБ., 2010

**Наваан Д,** Эрдэнэ М, Хатанбаатар Д, Түмэн Д. "Дорнод Монгол" төслийн хүрээнд 2008 онд хийж гүйцэтгэсэн археологийн хээрийн судалгаа. //"Mongolian journal of Anthropology, Archeology and Ethnology" Volume 4. УБ., 2008

**Өлзийбаяр С.** Өглөгчийн хэрэм доторхи нэгэн монгол булш. //"МУИС-ийн Археологи, Антропологи, Угсаатан судлал" сэтгүүл УБ., 2003

**Пэрлээ Д.** Монгол орны археологийн шинжилгээний тойм. Эрдэм шинжилгээний өгүүллүүд. I боть. УБ., 2001

**Пэрлээ Д.** Монгол түмний гарлыг тамгаар хайж судлах нь. УБ., 1976

**Пэрлээ Д.** Тодруулж судлууштай нэгэн түүхт хөрөг. Эрдэм шинжилгээний өгүүллүүд. I боть. УБ., 2001

**Цэвээндорж Д.** Монголын эртний урлагийн түүх. УБ., 1999

**Цэвээндорж Д.** Новые памятники хуннской знати "100 лет хуннской археологии" Улан-Удэ., 1996

**Энхбат Г,** Даваацэрэн Б. "Рашаан хадны дурсгалыг бүртгэн баримтжуулсан ажлын тайлан" Соёлын өвийн төв. УНБМС. УБ., 2010

**Энхбат Г,** Оюунбилэг З, Даваацэрэн Б. Монгол нутаг дахь түүх, соёлын үл хөдлөх дурсгал. Сүхбаатар аймаг. 2-р дэвтэр. УБ., 2008

**Энхбат Г.** Шонх Тавантолгойн хүн чулуун хөшөөг татаж авч хамгаалсан ажлын тайлан. Соёлын өвийн төв. УНБМС. УБ., 1999

**Эрдэнэбаатар Д.** Ковалев А.А. "Чингисийн далан"-г судалсан нь, түүний үр дүн. //УБ-ын ИС-ийн НУФ-ийн эрдэм шинжилгээний бичиг. № 5. (4) УБ., 2009

# 동몽골 문화 답사기

**부록**

# 동몽골 문화 답사기

## 1. 몽골에도 한민족의 흔적이 남았을까?

　글쓴이는 몽골에서 해수로 4년 동안 조사를 한 이유는 혹시 한민족과 관련 있는 유적이나 유물, 혹은 문헌기록이나 전설이 있는지 확인하기 위한 것이었다. 이런 목적으로 주로 한민족과 직접인 관련이 있다고 하는 지역인 몽골 동부지역을 조사하였는데 전체적인 조사결과를 볼 때 앞으로 한민족과 관련하여 연구할 만한 유적들은 찾았다. 이런 유적들은 앞에서 간단하게 보고서 형식으로 정리하였다.

　조사결과와는 별도로 겪었던 일들도 많이 있었다. 이런 일들은 조사보고서에 넣자니 내용의 흐름상 맞지 않고, 그렇다고 그냥 구전으로 전하자니 아쉬움이 있어 별도의 장을 만들어 실어 봐야겠다고 생각했다. 물론 대부분의 내용들은 조사를 다니는 과정에서 겪은 작은 생각들이다. 그러므로

초원에도 홍수가 난다.

학술적인 내용은 없고, 다만 우리가 생각지 못했던 것, 그리고 우리가 알고 있는 것들 중 잘못 알고 있는 것들, – 예를 들면 몽골의 밤은 하늘에서 별이 쏟아진다고 알고 있는데, 몽골하늘이나 한국하늘이나 천문현상은 비슷하기 때문에 별이 쏟아지는 것이 아니라 가끔씩 떨어진다는 사실 – 그런 것들이다.

대부분 몽골에 대한 환상을 깨뜨리는 내용들을 조금씩은 담고 있고, 그리고 그것들을 내 나름대로 해석을 해봤다. 물론 이런 해석은 순전히 글쓴이의 개인적인 생각이라는 것을 전제로 한다. 전체적인 분량은 많지 않은데 그 이유는 이 책의 목적이 이런 내용으로 구성하고자 한 것이 아니기 때문이다. 이런 방향이라는 점을 참고로 하면 좋을 것으로 판단된다. 물론 지금까지 이런 얘기의 글이나 책이 없었기 때문에 우리가 알지 못했던 몽골을 이해하는 데 조금이나마 도움은 되리라 생각한다.

## 2. 몽골 동부지역 연구의 시작

아침이 밝았다. 우리를 초대한 국립 울란바타르대학교 교수들과 아침
을 먹어가면서 그렇게 짧은 몽골 초원과의 인연은 시작되었다. 이런 인연
을 맺은 것은 다름 아닌 많은 사람들이 몽골과 한민족문화가 가깝다고 하
였고, 심지어는 한민족은 바이칼에서 몽골을 경유하여 내려왔다는 주장도
심심치 않게 제기되고 있는 터라 한민족의 시원문제에 대하여 관심이 많
은 나로서는 때늦은 감이 없지 않았다. 식사를 마치고 울란바타르대학교
에서 준비하는 회의장으로 들어갔다. 국제회의답게 여러 나라의 많은 학
자들이 참여하여 몽골 동부지역의 역사와 문화에 대한 학술적인 연구현황
과 준비한 논문들을 발표하였고, 앞으로 연구할 과제와 방향에 대한 협의

몽골 동부지역 연구와 관련한 국제회의 주제발표자들 기념사진

를 하였다.

앞으로 연구할 과제에 대한 기본적인 상황은 몽골측에서 준비를 하였고 우리 일행은 그 자료를 검토하며 확인하는 정도였다. 그리고 이 결과를 묶어서 이튿날 바로 현장 답사를 시작하였다. 울란바타르 시내는 몽골의 수도답게 복잡하고 차도 밀리며 정신이 없었지만 이런데 익숙한 나는 큰 불편을 모르고 지나가고 있었는데 뒤에 앉은 우크라이나에서 온 학자는 연신 뭐라 하는데 한숨을 푹푹 쉬어가면서 하는 모양을 보니 차가 막히는 것이 답답한 모양이었다.

이런 복잡한 도시를 한 10분 정도를 빠져나가니 그곳부터는 우리가 흔히 말하는 '초원'이라고 말하는 땅의 바탕색이 푸른 색 계열의 풀밭으로 펼쳐져 있었다. 차창 밖을 바라보니 속이 시원했고, 몽골이 시원한 나라구나

몽골 초원에 떠오른 무지개(솔롱고스)

하는 생각을 하면서도 다른 한편으로 한국 사람답게 곧 야트막한 산이 나오고, 그 산을 굽이굽이 돌아 흐르는 시냇물이 있었을 것이라는 생각을 하면서 차창 넘어 풀밭을 바라보았다. 갑자기 날이 흐리고 비가 왔다. 그리고 갑자기 비가 그쳤다. 그리고 무지개가 떴다. 쌍무지개도 아닌 겹 무지개가 떴다. 몽골말로 솔롱고스가 떴다. 몽골사람들이 한국을 솔롱고스라 부른다. 그 이유에 대하여 동쪽의 아름다운 나라, 희망의 나라라고 하기도 하는데, 그게 아니고 몽골사람들이 고려인을 처음 만났을 때 색동옷을 입고 있어서 무지개와 같다고 해서 솔롱고스라고 하였다고 한다. 이런 설명이 합리적일 것 같다.

하지만 한국 사람의 생각처럼 야트막한 산이나 시냇물 등은 나타나지 않았고 점점 더 넓어진 풀밭만이 끝 모르게 펼쳐져 있었다. 이런 신기함에 빠져 있는 지도 모르고 늘 이런 풍경에 익숙한 옆에 앉은 몽골측 관계자들이 통역을 통하여 나에게 매우 많은 말을 하였던 것 같은데, 당시 나는 그들의 말에 별 관심이 없었고 드넓게 펼쳐진 풀밭만을 바라보고 있었다.

그런데 가도 가도 산이라는 것은 보이지 않고 그러다 보니 산을 굽이굽이 흐르는 시냇물도 보이지 않았다. 다만 구릉을 넘으면 저 멀리 옛날 달력에서 볼 수 있었던 양떼들이, 그리고 소떼, 말들이 풀을 뜯고 있는 모습은 볼 수 있었다. 하루를 이렇게 달렸다. 별다른 변화 없이 풀밭이고 구릉의 남쪽은 짐승들이 그들의 내일을 모르고 풀을 뜯고 있는 모습이었다. 참 넓은 땅이라는 생각이 들었다.

우리가 탄 차가 앞선 차라 그런지 길을 찾아서 달리고 또 달렸다. 어느덧 점심때가 되었다. 우리 일행은 몇 대의 차로 움직였는데 그 인원 중에 음식을 전담할 요리사도 있어, 이 요리사가 차를 세우고 점심 준비를 하였다. 열심히 뭔가를 하였는데, 그 열심히 한 것은 실고 온 가스통을 올리고

몽골의 중급도시(한국의 도청급)

내리고 하여 물을 끓여 한국 컵라면과 소시지 하나씩을 주는 것이었다. 거의 한 시간을 식사 준비하여 컵라면 하나를 먹은 것이었다. 속으로 계란 하나 넣어주면 금상첨화일 텐데 하면서 아쉬운 마음을 달래며 컵라면 한통을 다 먹었다. 이 컵라면은 나에게 양고기를 못 먹는 나로서는 여간 다행스런 것이 아니었다. 몽골에서 요리사가 준 소시지는 안 먹었는데 같이 간 일행 중에 어느 분이 이 소시지에는 별의 별 고기가 다 들어 있다고 하였는데, 그 소리를 듣는 즉시 양고기가 생각나 먹지를 않은 것이다. 그 말을 들은 후 하여간 몽골에서는 소시지를 먹지 않았다.

  그렇게 점심을 먹고 나서 달리고 달렸다. 하루 종일 달리다가 저녁을 맞이했다. 우리가 달려 온 길이 포장도로가 아니고, 초원을 통과하는 길이라 그런지 속도도 빠르지 않을뿐더러 딜컹딜컹 하면서 하루 종일 달렸으니 온몸이 분해된 것 같은 기분으로 어느 도시에 도착하였다. 그리고 어디서 어

몽골의 여명

떻게 잤는지 기억도 정리되지 않게 어수선하게 하룻밤을 지내고 이른 아침 해가 오르기에 밖으로 나가 보았다. 이런! 우리가 묶은 호텔은 어느 도시에 있는 것이 아니고, 내 느린 걸음에도 10분만 가면 도심을 벗어나서 양들이 풀을 뜯어 먹고 있는 풀밭이었다.

그런데 더한 것은 해가 떴는데도 거리에 사람들이 없었다. 참 태평하게 사는 구나하는 생각을 하면서 한편으로 이런 게으른 사람들 같으니 하면서 중얼거리며 여기저기를 둘러보았다. 이 도심에 있는 집들은 모두 300채가 안될 것 같은 분위기였다. 어쨌든 사람들은 없었고, 가끔 말라도 그렇게 처절하게 마를 수 없을 정도로 마른 개들이 나를 보고 졸린 눈을 떴다 감았다 하면서 짖어댈 뿐이었다. 싱거울 정도로 간단한 거리 구경을 하고 호텔로 돌아 왔다.

그런데 호텔에 묵은 우리 일행도 쿨쿨 자고 있었다. 해가 중천에 떴는

몽골의 새벽

데, 빨리 밥 먹고 가야하는데 하면서 사람들을 깨우기 시작하였다. 그런데 같이 간 일행이 시간이 몇 신데 깨우냐고 해 시간을 봤는데 아뿔싸 시간은 아직 새벽 5시도 되지 않았다. 그러니 잠결에 화를 낼만도 했다. 몽골은 위도가 높아 해가 일찍 뜬 것이다. 나는 시간 관계없이 날이 밝으면 깨는 버릇이 있어 4시도 되지 않아 깨서 돌아다녔던 것이다. 그러니 거리에 사람이 없고, 개도 귀찮다는 듯이 두어 번 짖고 나를 외면해버린 것이다.

몽골의 지방 도시

　그 순간 이틀 전 한밤중 울란바타르에 도착하는 순간부터 이 새벽까지의 상황을 빨리 정리했다. 여기는 한국이 아니고 몽골이고 몽골은 우리 한국과 환경이 전혀 다르다. 그러니 몽골식으로 적응을 하도록 하자하고 바로 커피 한잔 마시고 누워서 잠을 청했다. 커피 탓인지 잠은 다시 돌아오지 않았다.

　이런저런 생각을 마치고 아침에 식당에서 일행들과 아침을 먹으면서 하루 일정을 점검해봤다. 말이 점검이지 몽골의 진행순서를 따라가면 되는 것이다. 호텔에서 나와 물건을 사러 상점에 들어가기에 나도 따라 들어가 봤다. 이것저것 많은 물건들이 있었는데 우유나 양젖으로 가공한 제품들이 많았는데, 혼자 생각하기를 집집마다 소 키우고 양 키우니 만들어 먹으면 될 텐데 뭐 하러 사먹지 하는 생각을 하면서도 다른 한편으로는 몽골도 기업들이 발전하는 구나하는 생각이 들었다. 이 가게에서 과일과 채소는 단연 비싼 값으로 팔렸는데 과일 중에는 바나나가 많았다. 몽골사람들은 웬

몽골의 지방 도시 번화가

맥주를 그렇게 많이 사는지 물보다 훨씬 더 많이 맥주를 샀다. 나는 물을
사달라하고 상점을 둘러보니 한국에서 힘들게 날아온 초코파이가 있었다.
이런 초원에서 초코파이를 살 수 있다니! 많이 샀다. 나 혼자 차 안에서 두
고두고 먹으려고 샀는데 나는 하나도 못 먹었다. 이래저래 차안 가득 맥주
를 가득 싣고 출발을 하였다.


## 3. 돕조 - 방형 계단식 적석무덤


    선두차량은 풀밭을 가로질러 어디론가 달려가고 있었다. 길이라고는 풀
밭에 차 바퀴 두 줄 밖에 없는데, 그리고 이 두 줄도 곳곳에서 다시 갈라지
는데 그 갈림길에서 우리가 어디로 갈지 정확히 알아서 가고 있었다. 참 신

몽골의 길(이 길로 자동차는 달린다.)

기했다. 어떻게 이 길들을 기억할까? 경이롭다는 말은 이런데서 써야 하는
것이다.

아침을 먹고 몇 시간을 달려 풀밭에서 점심을 먹게 되었다. 일행 중에
요리사가 있어 풀밭에 점심준비를 했다.(몽골은 어느 사람이 일을 맡으면 그
가족들이 모두 참여하여 돈벌이를 한다. 그래서 보면 별의별 이름을 달고 와서 역
할을 하는 것이다. 그런 명목으로 요
리사도 참여한 것이지 정말 좋은 요리
를 하려고 온 것은 아니다.) 빵도 있
고 소시지인지 말뚝인지 구별하기
어려운 크기의 소시지도 꺼내 놓았
다. 그런데 소시지를 꺼내는 순간
몽골 사람들이 호주머니에서 작은

몽골 초원의 답사 여정중의 행운(?)

칼을 하나씩 꺼냈다. 그 칼로 소시지를 잘라 먹는 것이었다. 그 칼의 모습은 흡사 초원지대에서 많이 발견되는 작은 칼과도 같았다. 흔히 우리가 볼 수 있는 명도전과 같은 모습이었다. 그 칼 쓰는 모습을 눈여겨보면서 점심을 마치고 또 달리기 시작하였다.

몽골 초원의 전통식사

오전 내내 달려 오후도 마음을 단단히 먹고 출발을 하였는데, 오후는 싱겁게 한 30분 만에 차에서 내렸다. 차에서 내려 보니 앞에 한국 서울 석촌동에서 볼 수 있는 사각 적석계단 무덤이 있었다. 어찌 그리 석촌동 적석무덤과 같은지 한참을 쳐다보고 둘러보았다. 내심 충격이었었다. 몽골 고고학자들에게 여기에 대한 설명을 들었다. 몽골에서는 이런 형태의 유적을 '돕조'라고 부른 다는 것이다. 이게 무덤인지 뭔지도 아직 파악되지 않았고, 그 연대도 더더욱 몰랐다. 더 이상 물어 볼 상황도 아닌 것 같고 해서 더 이상 묻지 않았다. 현지인들로부터 이런 형태의 계단식 적석들이 곳곳에 있다는 말을 들었다.

몽골의 학자들은 이런 돕조들은 몽골 동부지역 중 이 지역에서 주로 발견된다는 것이었다. 그런데 몽골학계에서는 무슨 이유인지 이 돕조를 연구하지 않고 있었다. 차로 돌아와서 지도를 펴봤다. 지도를 보니 이 돕조에서 남쪽으로 내려가면 중국 내몽고 자치구의 동부지역과 연결되는 것을 볼 수 있었다. 이런 저런 그림이 그려지기 시작하니 머릿속이 복잡했다. 첫 번째

돌조 전경

돌조 실측

돕조를 떠나서 다른 지역도 둘러보았다. 다른 지역도 같은 형태들의 돕조들이 있었는데 크기는 서로 달랐고 어떤 것들은 훼손된 것들도 많았는데, 훼손의 정도차이는 있었다.

몇 번째 돕조에서 저녁놀을 보면서 숙소로 이동을 하였다. 몽골 초원의 저녁노을은 참으로 장관이었다. 끝없이 펼쳐진 지평선으로 오늘의 해는 내려앉고 있었고, 그 저녁노을을 받으며 국제

몽골 초원의 저녁(새들은 찾아갈 집이 있나?)

적으로 보호대상인 가젤떼는 어디론가 뛰어가고 있었고, 새떼들도 어디론가 날아가고 있었다. 모두 차에서 내려 어쩌면 다시 못 볼 장관을 말없이 바라보고 있었는데, 참으로 이런 장관도 있구나 하는 생각이 들었다. 돌아오는 길은 험난했다. 한 떼의 강한 바람을 맞으면서 풀밭에 서서 컵라면이나 혼자 먹어야겠다고 꾸려 넣었던 초코파이로 저녁을 대신하고 몽골 운전수들의 어디서 오는지 모를 감각으로 몇 시간동안을 초원을 통과하여 어느 작은 도시에 무사 입성하였다. 가까스로 잡은 호텔에서 이것저것 생각을 하고 있었다. '돕조'에 대한 생각이 떠나질 않았다. 중국 길림성 집안시에도 이런 형태의 무덤들이 곳곳에 있고, 한국의 서울에도 있다. 그리고 형태는 약간 다르지만 중국 요녕성 조양시에도, 내몽고 오한기에도 이런 형태의

유구들이 확인되기도 하였다. 오늘 하루 종일 일정을 볼 때 피곤도 할 텐데 그런 피곤함을 잊고 이것저것을 생각했다.

이튿날 아침 몽골의 바야르 교수, 에르덴 바타아르 교수와 전날의 답사를 얘기했다. 구체적으로 돕조에 대한 구체적인 얘기를 물어봤다. 어제와 같이 더 이상의 대답은 없었고, 내가 아는 범위에서 더 많은 얘기를 했다. 오히려 그들이 더 많은 지식을 얻어간 셈이 되었다.


## 4. 몽골인들의 신앙 오보

3일째 되던 날 몽골 동부지역에 있는 최대 오보라는 알탄오보 지역을 답사하였다. 오보라는 것은 몽골곳곳에 있는데 대부분 언덕위에 설치되어 있었다.(사진) 그 기능은 그 지역에 살고 있는 사람, 오고가는 사람들을 안전하게 보호하는 기능이 부여된 곳이다. 한국의 성황당 비슷한 개념인데, 곧 종교 장소로 몽골의 신앙의례가 행사되는 곳이다. 그래서 몽골 사람들은 오보를 지날 때는 차에서 내려 세 바퀴를 돌고 가거나 바쁜 사람들은 경적을 세 번 울려 예의를 표시하곤 한다.

이런 오보는 말 그대로 동네에 있는 오보에 대한 기능이자 숭배이지만 이 알탄 오보는 달랐다. 여느 동네 있는 오보가 동네 사람들을 보호하는 것이라면 이 알탄오보는 국가를 보호하는 기능의 오보라는 것이다. 이 알탄 오보는 여자들은 올라가지 못한다고 하여 못 올라간다. 그런데 한국의 이애주교수는 어떻게 올라왔는지 올라왔다. 아마도 여자가 올라간 첫 예이지 않은가 싶다.

이 오보는 국가적인 오보로 국가에서 관리하고 있다. 이 오보를 중심으

알탄오보 전경

무덤 표지석

몽골 동부지역에 있는 석인상들

로 많은 여러 형태의 무덤들이 분포하고 있다. 뿐만 아니라 석인상들도 이 알탄오보를 중심으로 배치되고 있었다. 이곳을 답사하며 오보에 대한 여러 가지 얘기를 들었다. 그래서인지 그 뒤로 오보를 지날 때는 스스로야 별 관심이 없지만 몽골 친구들을 위하여 몽골인들과 같은 예를 취했다.

알탄오보를 답사를 마치고 주변에 있는 무덤 유적들을 답사하였다. 매우 많은 무덤들이 있었다. 돕조, 사각무덤, 원형무덤, 방형적석무덤, 원형적석무덤, 토석혼축무덤 등 많은 무덤들이 있었다. 그러나 이 무덤들에 대한 연구가 제대로 되어 있지 않았다. 온 하루를 이 무덤들을 둘러보았다. 어떻게 이 무덤들을 정리해야 할지 판단이 서질 않았다.

그저 몽골학자들이 말하는 대로 이건 청동기시대, 이건 흉노시대, 이건 원나라 무덤, 이건 돌궐 무덤 식으로 정리를 하였는데, 내가 볼 때는 구체적인 근거로 말하는 것 같지는 않았다. 왜냐하면 자세히 관찰해보니 원나라 무덤이라고 하는 무덤이 흉노무덤에 눌려 있는 것도 있었고, 쌍분이라는 판단한 것이 보니 쌓았던 돌이 무너져 쌍분으로 보이는 것도 있었다. 상황을 대충 정리하고 몽골학자들이 안내하는 곳으로 이동하였다.

# 5. 고구려 석성

답사단은 길을 돌려 고구려 성이 있다는 곳을 가게 되었다. 이 몽골 초원에서 고구려 성이라니. 있든 없든 말이 나왔으니 그 길로 고구려 성터로 직행을 하였다. 얼마쯤 가니 멀리서 반짝반짝 빛이 나는 흰 호수가 보였다. 그 호숫가에 다다르니 돌담들이 보였고, 가까이 가서 보니 기와조각들도 있었다. 이곳을 안내한 바야르 교수의 말을 들어 보니 이곳에 절이 있었는

수흐바타르도 다리강가군 솜팅 토오리(사원 터) 주변의 건물 잔해들

데, 부처상 한 점이 수습되었다고 하는데 그 부처상의 소재는 모른다고 하였다.(한국에 있다고 하였다) 그런데 이곳에 어떻게 고구려 성이라고 고증되었는지 이해가 되질 않아 바야르 교수에게 물어 보았다. 이 유적이 고구려 성이 된 것은 처음 몽골학자들 중에 몽골족의 기원이 고구려계라고 주장하는 학자들이 있었는데, 그 근거로 여러 가지 돌담들을 근거로 제시하였다고 한다.

이런 주장이 제기되고 있는 중에 1990년대 한국의 단국대학교 손보기 교수팀에 의하여 이곳이 발굴되었다. 발굴을 완료한 후에 이 성이 고구려 성일 것이라고 확증을 하여 전설과 고고학의 결과가 합치되어 고구려 성이 된 것이다. 혹자는 고구려 광개토대왕이 영락 5년에 서방정벌을 하는 중에 염수에 다다랐다는 기록을 이곳으로 추정하기도 하는데 그 가능성은 매우

수흐바타르도 다리강가군 솜팅 토오리(사원 터) 주변의 지붕 기와 파편

낮다.

중국 길림성 집안에서 여기까지의 동선도 문제가 있지만 자연환경을 볼 때 너무 황량한 곳이라 대규모의 군대가 움직이는 데는 많은 문제가 있다. 그러므로 이와 같은 추정은 무리가 있다고 봐야하고, 중국 내몽고 자치구 남동부에도 소금 호수가 있는 곳도 있다. 오히려 그곳을 갔다고 하면 훨씬 더 합리적인 해석이 될 수 있을 것이다. 필자는 이에 대한 얘기를 손보기 교수에게 직접 들은 적이 있었다.

그러나 이것을 고구려유적으로 보기에는 너무 많은 무리가 따른다. 아무리 고구려를 넓게 잡는다 하더라도 몽골공화국 남동쪽까지 고구려 영역이라고 한다면 고구려를 다룬 많은 사서의 기록들과 맞지 않는다. 또한 돌로 쌓은 것을 모두 고구려계로 판단한다면 북방에 있는 것은 죄다 고구려

수흐바타르도 다리강가군 솜팅 토오리(사원 터) 주변의 건물 터(사진 중간중간의 흰 부분은 소금기 흔적들이다.)

계로 판단을 해야 하는 것과 마찬가지인데 역사는 상대성이 있는 것이기 때문에 그렇게 판단 할 수는 없는 것이다. 기회가 된다면 다시 검토할 필요가 있다.

그런데 여기에 남아 있는 돌무지 유적들에 대한 것이다. 이 유적의 연대는 어느 시대 것인지는 누구도 모른다. 다만 글쓴이가 추측을 하건데 이 유적들은 이곳에서 소금을 채취하던 사람들과 관련 있지 않을까 하는 생각이 든다. 대초원에서 살아가는데 사람이나 짐승이나 마찬가지로 가장 중요한 것 중에 하나가 소금이다. 이런 중요한 소금은 초원지대에서 얻기가 여간 어려운 것이 아니었다.

그런데 이곳에서 소금을 얻을 수 있었던 것이다. 그러므로 이 지역은 지역적으로 매우 중요한 지역이었고, 상업적으로도 이 주변지역의 중심지가 되었을 것이다. 따라서 소금을 채취하고 보관하고, 혹은 소금관련 제사를 지내기 위한 시설 등도 필요했을 것이다. 이런 시설을 만들 때 소금의 짠 성분 때문에 아무리 소금을 머금어도 문제가 없는 돌을 사용하여 만들지 않았을까 하는 추측을 해본다. 유적에 대한 해석은 각자가 다 다른 것이기 때문에 하나로 획일할 수 없지만 글쓴이의 입장에서 볼 때 이곳에서 소금을 얻을 수 있다는 것은 이 지역의 사람들의 생활환경에 가장 중요한 문제였던 소금을 쉽게 얻을 수 있는 환경이라는 것을 해결할 수 있는 곳이라는 것이다.

이렇게 기초적인 답사를 마치고 다시 울란바타르에 돌아오기 전에 몽골 연구를 어떻게 해야 하나 하고 고민을 하던 중 몽골측에서 내 속을 들여다 봤는지 다리강가 지역을 공동연구하자는 의견을 제시해왔다. 글쓴이도 몽골측과 공동연구를 한다면 몽골 동부지역을 연구할 생각이지 몽골서부지역이나 북부지역은 생각이 없었는데, 이유는 그 지역은 한국사와 직접적인 관계가 없을 것 같았기 때문이다.

몽골측의 제안을 받고 한국관계자들과 협의를 한 결과 몽골 공화국 수흐바타르도 다리강가지역을 공동연구하기로 확정하고 이에 대한 준비를 시작하였다. 이렇게 결정을 하고 4년간 4차례의 발굴을 진행하기 시작하였다.

몽골지역에서 연구를 시작한 가장 큰 계기가 된 것은 '돕조' 때문이었다. 동북아시아의 대표적인 무덤을 짓는 방식 중에 하나가 돌로 쌓은 무덤인데, 다리강가 일대에 확인된 돕조는 몽골뿐만 아니라 중국 요녕성, 길림성, 그리고 한반도에 걸쳐 나타나기 때문이었다. 이런 루트가 혹시나 한민족과 어떤 관련이 있을까 하는 생각이 들어 연구를 진행하게 된 것이다.

# 6. 바람의 나라

어느 방송에서 몽골을 주제로 한 다큐멘터리를 본적이 있다. 제목이 '바람의 제국'이라고 기억된다. 얼마나 바람이 불었으면 그랬을까? 하기야 초원을 보니 바람을 막을 곳이 없는 넓은 들이라 바람을 셀 것이라는 생각은 들었다.

몽골에서 조사를 하는 과정에서 바람이라는 게 뭔지 알 수 있었다. 몽골 참 바람이 많다. 많을뿐더러 세다. 센 바람은 전혀 예고 없이 돌아 불어 닥치는 돌풍이다. 이 바람을 몇 번 경험해봤다. 이 바람을 경험해가면서 몽골사람들의 한 단면도 알게 되었다. 2009년 글쓴이가 몽골 발굴을 가던 첫 해의 일이었다. 첫 발굴이라 예산도 많지 않아 한국 사람은 글쓴이 혼자이

몽골의 한여름 밤(날이 갑자기 추워졌다.

폭풍이 먹구름을 끌고 온다.

고, 모두 몽골 사람이었다. 8월 하순경으로 접어들어서 인지 날씨의 일교
차가 하루에 30도가 넘는 날도 있었는데, 한 낮은 영상 30도 가까이 오르
다가 저녁에는 갑자기 영하로 떨어지는 날도 있었다. 날씨도 그런데 먹거
리도 문제였다. 몽골사람들이 그렇게 좋아하는 거의 주식처럼 먹는 양고기
를 전혀 못 먹는 것이었다. 이런 환경은 나로서는 그곳에서 생활하기가 여
간 어려운 것이 아니었다. 혼자서 옛날 A텐트에서 밥 해먹고 잠자고 정리
하면서 발굴을 하였다.

　어느 날 텐트 안에서 가스렌지에 밥을 하고 있었는데 갑자기 돌풍이 불
기 시작하였다. 밖에서 몽골 사람들이 마구 소리를 지르며 이러 저리 뛰고
난리가 난 것 같다. 나는 상황을 모르니 안에서 어쩔 줄 모르고 바람이 멎
기를 기다리고 있었는데 이 바람은 잠잠해지기는커녕 점점 세지고 있는 것
이었다. 그 세기는 텐트의 지지대가 휘어지고 있었다. 나는 텐트 안에서 손

으로는 지지대를 휘어지지 않도록 붙잡고, 몸으로는 바람불어오는 쪽의 텐트 벽을 막아서고 있었다. 꼼짝을 못하는 상황이었다. 만약 몸을 조금만 움직이면 텐트 다 날라 가고 그 속에 있는 나도 어떻게 될지 모른다는 극도의 위기감이 쌓여 있는데, 텐트 입구에 혼자 불타고 있는 가스렌지도 끄지 못할 정도의 급박한 상황이었다. 한 30분간 나는 나대로 다해 목숨 부지를 위해 죽을힘을 다해 바람과 싸우고 있는 것이었다. 참 처절했다.

그런데 한 30분이 지났나! 바람이 갑자기 멈췄다. 그 멈춤이 어느 여운이 있는 것이 아니라 달리던 차가 앞에서 장애물이 발견되자 급브레이크를 밟아서 서는 거와 같았다. 그야말로 딱 멈췄다. 바람이 멈추자 일단 무슨일이 일어날지 모른다는 공포감에서 벗어나고, 한편으로는 어이가 없는, 아니 이게 뭐지 하는 생각이 들었다. 바람이 멈추고 한, 2,3분 후에 밖으로 나왔다. 밖에 나가보니 그 많은 몽골 사람들 웃으면서 담배를 피우고 언제 바람이 불었느냐 식으로 담소를 나누고 있었다. 그때 몽골측의 에르덴 바타하르 교수의 눈과 내 눈이 마주쳤다. 나는 말로 형언할 수 없는 배신감이 들었다. 그 이유는 어찌되었던 간에 나는 한국측의 대표이고, 더구나 몽골에서 처음 이런 일을 당했다. 그들도 밖에서 내 텐트가 날아가려는 것을 봤을 텐데 누구도 도와주지 않았던 것이다. 아마 그런 상황을 눈치를 챈 것인지 겸연쩍게 맥주 한 캔을 들고 와서 괜찮냐고 물어 왔다. 나 역시 맥주를 받으면서 말로는 괜찮다고 대답을 하였다. 그리고 바로 텐트 안으로 들어와 가스렌지에 불을 켜고 밥 한 술 끓여 먹고, 이리 뒹굴, 저리 뒹굴 하면서 이것저것을 생각해봤다. 몽골 사람들의 사고방식이 이런 건가? 즉, 남들이 죽든 말든 관심이 없는 건가? 만약 발굴장에서 내게 무슨 문제가 생기면 어떻게 될까? 하는 괴이쩍은 생각까지 발전하였다. 결국 모든 것은 나 혼자 해결하는 것 이외에 아무 방법이 없었다.(그 이후도 이런 일이 두어 번 발생하였는데, 모두 똑같은 상황의 반복이었다. 그래서 몽골사람들의 사고방식을 확실하게 알 수 있었다. 절대로 남이 어떻게 되든 상관하지 않았다. 그래서인지 몽골사람들은 스스로 실제적인 사람들이라는 말을 자주 하였다. 그 말뜻을 잘 알아들었다.) 그래도 날은 밝았다. 건성건성 잠을 잔 탓인지 몸은 찌뿌둥하지만 아침을 대충 때우고 다시 발굴 장으로 들어갔다.

이듬해 발굴 장을 와란합찰로 옮겼다. 가까이서 보면 그저 흔히 볼 수 있는 계곡이지만 사진으로 보면 미국의 그랜드 캐넌 분위기가 나는 곳이었다. 거기에는 몇 백기의 각종 무덤들이 남아 있는 지역이었다. 나는 발굴할 무덤들을 선정하고 습관처럼 그 주변지역을 둘러보기 시작하였다. 이곳저곳을 돌아다니는데 얇은 물줄기를 발견하고 그 물줄기를 찾아 올라가자 샘이 있었다. 어라 샘이 있네! 물이 뽀글뽀글 솟아나고 있었다. 물이 솟아나기는 나지만 너무 적어서 한 200m 정도가면 물이 다 말라버렸다. 그 물들을 소나 양들은 사람이 꿀물 마시듯이 마시고 있었다. 참 신기했다. 글쓴이는 흐릿하게 남아 있는 도랑을 따라 내려가 보았다.

그런데 남쪽으로 나 있는 물길을 따라 내려가니 물길의 흔적이 점점 커지는 것을 볼 수 있었다. 그리고 눈이 부시리만큼 흰 고운모래바닥도 드러난 곳도 있었다. 이런 흔적들을 볼 때 멀지 않은 시기에 물이 많이 있었던 같은 예감이 들었다. 다시 주변지역을 꼼꼼히 살펴보았다. 어떤 곳은 축축한 웅덩이 같은 곳도 있고, 또 어떤 곳은 풀이 무성하게 자란 곳도 있었다.

지금은 고인이 된 몽골의 바야르 교수에게 물어봤다. 그의 말에 의하면 1980년대 까지만 해도 이곳에 물이 많이 있었다는 것이다. 와란합찰에 왜 무덤들이 많은지 조금씩 이해가 가기 시작하였다. 저녁 무렵 이 동네에서 오래 살았던 어른을 만나서 옛날 얘기를 들었다. 70이 넘은 이 어른의 말에 의하면 그들이 어렸을 적에 다리강가는 물도 많고, 나무도 많이 있었던 곳

와란합찰계곡의 양떼들

으로 사람들도 많이 살았었다고 하였다.

그 뿐만 아니라 풀이 잘 자라 목축도 많이 하였고, 경제적으로 풍요로운 곳이었다는 옛 기억을 회상하였다.


# 7. 몽골의 자연환경 변화

강가 호수에 이르렀는데, 몽골에서 보기 드문 큰 호수였다. 깊지는 않은 것 같은데 푸른 물결이 일고 있었고, 호수는 잔잔한 파도가 일고 있었고 그 물에 한국에서는 이런 장면이 확인되면 KBS 아홉시 뉴스에 보도되었을 것 같은 두루미들이 먹이를 찾는 모습을 보니 참 신기했다. 호수가에 샘에서 물이 솟아올라 호수로 들어가는데 이 광경을 보자 몽골사람들은 누가 시작

초원에 생명이 솟아 오르다.

을 하였는지 모르게 노래를 시작하였다. 통역을 통해 물어본 결과 이 샘을 찬양하는 노래라는데 물이 절대적으로 부족한 몽골에서는 충분히 있을 수 있는 일이라 생각했다. 노래 내용은 모르지만 같이 부르는 사람들은 매우 잘 부르는 것 같았다. 천천히 호수를 돌아보니 원래 수심이 아니라는 생각 이 들었다. 지금은 물이 많이 줄어들었구나 하는 생각이 들었다. 그럼에도 불구하고 온갖 짐승들이 이 호수에 몰려들어 물을 마시고 배설을 하여 물 은 생각보다 유기물 오염이 심하게 되어 있었다.

솔롱고스 나라 사람을 만나서 그런지 경이로운 눈초리로 연신 질문을 해댔는데, 몇 잔 마신 맥주 탓에 뭐라 답했는지는 모르나 내가 관심을 두었 던 것들은 어느 정도 알고 돌아 왔다.

이튿날 새벽 일찍 혼자서 알탄오보를 올랐다. 처음 알탄오보를 올랐을 때는 그저 몽골인들의 신앙의 대상지로 생각을 했는데, 어제 많은 얘기를

강가호수 전경

들고 다시 오른 알탄오보는 전혀 감이 달랐다. 정상에서 뜨는 해를 받아 사방을 둘러보니 멀리도 보였다. 솔롱고스에서 온 내 눈에도 저렇게 멀리 보이는데, 몽골사람들 눈에는 얼마나 멀리 보일까? 물도 있고, 산도 있는 다리강가가 이 지역의 중심이 될 만한 하다는 생각이 들었다.

　발굴을 마치고 작년에 갔던 강가호수를 다시 가봤다. 두루미가 고기를 잡아먹던 호수를 갔는데, 1년 전과 달리 물이 많이 줄었다. 물은 줄고 물을 마실 짐승들은 더 늘어나서인지 많이 더러워졌다. 같이 간 동네 어른 말을 들어 보니 다리강가지역은 가뭄기에 접어들었다는 것이다. 그러니 사방이 말라 버리기 때문에 사람들이 많이 떠난다는 것이다. 비가 안 오니 사람들은 점점 이곳을 떠나 수도가 설치된 도시로 떠나고 있어 목초지는 점점 황폐해지고 있었다.

　이제 울란바타르로 돌아가야 했다. 바로 돌아가도 이삼일이 걸리고, 중

물이 마른 강가호수

간에 이곳저곳을 답사하면서 가야하기 때문에 챙길 것도 많아 다시 다리강
가로 돌아갔다. 다리강가라는 도시의 풍경은 흡사 우리가 자주 봤던 미국
서부영화의 한 장면이라고 보면 가장 가깝다. 주점 앞에 말을 매놓고 들어
가서 밥을 먹고, 술도 마시고 물건도 사고 그리고 말을 풀어 타고 어디론가
가는 그런 장면이 그대로 실행되는 곳이었다. 미국의 서부 영화 '셰인'을 연
상하면 이해가 쉬울 것이다. 식당에 들어가 음식을 시켰는데 나를 제외한
모든 사람들은 양고기를 시켰고, 나는 소고기관련 음식을 시켰다.

　음식을 주문해놓고 기다리면서 이것저것을 물어 보았다. 식당주인이 친
절하게 많은 것을 설명해주었는데, 창밖을 가리키며 뭔가를 설명했다. 그
창밖을 보니 길 건너 가겟집에 아가씨가 나를 쳐다보는 것 같았다. 통역이
식당 주인과 뭐라고 한참을 얘기하더니 밥을 대충 먹고 나서 나더러 어디
를 가자는 것이었다. 같이 동행하던 에르덴 교수는 빙긋이 웃으며 맥주를

마시고 있고 나는 식당 주인을 따라 나섰다.

간곳은 멀리도 아니고 바로 길 건너 가겟집이었는데, 식당주인이 뭐라 하니까 그 아가씨가 방으로 안내해서 좀 어색하기는 했지만 따라가 봤더니 한국노래 전용 가라오케가 있었다. 기계야 언제 것인지는 모르지만 금영노래방 기계였다. 햐! 여기에 한국 노래방이 있을 줄이야! 노래를 켜기에 한국인들이 자주 오냐고? 물어보았다. 그런데 그 아가씨의 말이 걸작이다. 기계는 3년 전에 들여왔는데 한국 손님은 처음 왔다는 것이다. 다 같이 웃고 한국문화 전파를 위해서 노력하시는 그 분들을 위하여 노래 한곡 값으로 몽골돈 거금 5만 투그륵을 쾌척하고 울란바타르로 향했다.


## 8. 겔

겔은 몽골의 전통가옥이다. 도시에 살고 있는 몽골인들을 제외하고 모두 사용하거나 혹은 도시인들 중에서도 별장처럼 근교에 겔을 지어놓고 가끔 사용하곤 한다. 이 겔은 옛날에는 양가죽을 비롯한 짐승가죽으로 만들었지만 요즘은 천으로 만들었는데 둥근 형태이다. 형태가 둥글어 안으로 들어가면 사용할 공간이 매우 줄어드는데 그래도 몽골벌판의 바람을 피하기 위해서는 이 형태가 가장 안정적이다. 또한 목축경제가 뼈대인 몽골에서는 언제든지 빠르게 이동해야 하기 때문에 간단한 집을 지어야 할 필요도 있다.

이런 겔이 언제부터 사용되었는지는 구체적으로 알 수는 없으나 겔에 대한 기록은 『요사』에 나온다. 거란족이 들판에서 천막으로 집을 짓고 짐승을 기르며 살았다는 기록이다. 이런 기록을 보면 적어도 천년 이전에도

몽골의 겔 모습

이 겔은 있었던 것 같다.

　겔의 기본 모습은 원통형이고, 높이가 그리 높지 않아 몽골초원의 바람
의 힘을 최소로 받도록 만들어 졌다. 그리고 겔은 양털로 짰기 때문에 열
전도율이 낮아 여름은 시원하고 겨울을 따뜻하다. 몽골도 여름이 만만치
않게 덥기 때문에 그 더위를 대비해야 하는데, 그 방법으로 겔의 하단부를
10cm만 걷어 올려도 안은 시원
하다.

　겨울은 꼭꼭 닫아 매고 그 안
에 소똥을 연료로 불을 피우면
아주 따뜻하다. 그리고 사람들
은 옷을 벗고 양털 이불을 덮고
잔다. 나도 4월에 몽골에서 몽골

겔의 내부 부엌

겔 옆의 가축 우리

사람들과 겔에서 같이 자는데 우리는 추워서 꼭꼭 싸매고 뒤집어쓰고 자는데, 몽골사람들은 다 벗고 속옷만 입고 자고 있었다. 처음에는 술에 취하여 저렇게 자나 했는데 계절에 관계없이 벗고 자는 것이었다. 그래야 추위를 막을 수 있다고 하는데 이해는 되지 않았지만 그들의 생활 방식이라고 생각할 뿐이다. 그들은 그 겔 옆에 엉성하기 짝이 없는 가축의 우리를 만들어 낮에 들판에서 풀을 뜯고 돌아온 짐승들을 가둬놓고 도망을 못 가게 하거나 늑대나 다른 들짐승들로부터 보호를 하고 있었다.

그들의 말이 들짐승으로부터 보호를 한다고 하는 것이지 들짐승들이 공격을 해오면 집짐승들은 속수무책으로 당해야만 하는 그런 구조이지만 놀랍게도 짐승들의 공격을 거의 받지 않는 다는 것이다. 그 이유는 가축의 주인들이 가축을 공격하는 들짐승들을 늘 사냥으로 잡아 버려 지금은 늑대나 들개들이 많이 없어져 버렸다. 그렇기 때문에 저렇게 허술하게 지은 가축

몽골 아이들의 일상이다.

의 우리에서 가축들의 보호가 가능한 것이었다.

이 겔에서 사는 사람들은 나이 고하를 떠나 그들의 일들이 있다. 어린이들도 5,6세만 넘으면 우유통이라도 들고 다니며 작은 물통이라도 날라야 한다. 그래도 그들은 웃음을 잃지 않고 내일을 생각하며 살고 있다.

어린이들은 현대 교육을 받기가 여간 어려운 것이 아니다. 경제형태가 풀을 찾아 이동을 해서 주거지가 일정하지 않은 탓에 도시에 있는 학교를 보내기가 어렵다. 이런 어려움 때문에 몽골 정부에서는 도시에 기숙형 학교를 만들어 시골 아이들을 도시로 모아 교육을 시키고 여름 방학에만 집으로 돌려보내고 겨울방학도 돌려보내지 않는데 그 이유는 겨울이 하도 추워 학교 기숙사에서 생활을 하도록 하고 있다. 몽골정부에서 잘 하고 있는 정책이라고 본다.

글쓴이도 발굴장에서 겔에서 생활을 하였다. 겔에서 생활해보니 글쓴이

8살이나 되었을까? 옷을 빨고 있는 모습이 너무 애처롭다.

같이 게으른 사람들은 오히려 불편하지 않게 생활을 할 수 있는 주거시설
이었다. 이 겔에 대해서 한마디 더하면 이사에 관해서다. 흔히 한국에서 텔
레비전을 보면 겔을 해체하여 이삿짐을 쌓는데 한 30분이면 다 된다고 한
다. 이거 순 거짓말이다. 겔이 사는 몽골인들이 가장 힘들어 하는 일이 바
로 이사하는 것이다. 살림살이 다 옮기고, 겔을 해체하여 싣고 이동하는 일
이 여간 고된게 아니었다. 우리의 번잡한 일상에서 볼 때 간단한 일로 보이
지만 실제 평소 간단한 짐승 돌봄이에서 이를 살림살이를 옮기고 겔를 뜯
어서 옮기는 일은 그들의 생활에서 가장 어려운 일이다. 흔히 우리는 겔을
해체하여 이사를 하는데 30분 정도 걸린다고 하는데 절대 그렇지 않다. 몇
시간 걸린다. 그리고 힘이 든다. 이 일이 쉽다고 생각하는 것은 문화의 차
이에서 오는 것이다.

# 9. 소똥, 말똥, 염소똥

발굴장에서 맞이하는 몽골의 아침은 장관이다. 그 장관이란 소떼, 양떼들이 출근하는 장면이다. 이 짐승들의 주인은 말을 타고 분위기를 잡고, 대장 양이 길을 열면 줄을 지어 양이며 염소는 앞에 양을 보고 따라간다. 그러던 중에 사람이나 짐승이나 꼭 옆으로 새는 삐딱이들이 있는데, 이 삐딱이 양들이 나오기를 기다리는 듯한 개가 저의 존재감을 과시하듯이 짖어대어 바로 대열 속으로 몰아넣는다. 이런 행렬이 이동하는 중 짐승의 주인이 갑자기 일이 생겨 겔로 돌아가면 양들은 신기할 정도로 그 자리에 멈춰서버린다. 그리고 주인이 돌아오면 바로 다시 출발을 한다.

이렇게 양들이 출근을 하면 그 뒤를 따라 소떼들이 어슬렁어슬렁 어디

들판으로 출근하는 말들

소똥을 연료로 사용하고 있는 모습

론가 가고 있다. 소들은 습성상 말처럼 전진하는 것이 아니고 사방을 둘러보면 풀도 뜯어먹고 이 사람들은 발굴을 잘하고 있나 구경도 하고, 심지어는 발굴 장에 들어와 견학을 하기도 한다. 이런 소들은 주인이 따라 붙지 않는다. 소들이 다 알아서 출퇴근을 한다. 이런 소들은 여기 저기 흔적을 남겨놓는데 그 흔적을 따라 사람들은 열심히 소를 따라 다닌다. 소가 지나가고 한 이, 삼일 후 어김없이 사람들은(대부분이 여성이나 어린 아이들임) 자루를 하나씩 들고 소가 지나간 지역들을 뒤지고 다닌다. 그들이 하는 것은 마른 소똥을 줍는 것이다. 이 소똥은 몽골생활에서 가장 중요한 것인데, 바로 연료로 쓰기 때문이다. 몽골의 겨울은 길다. 그렇기 때문에 많은 에너지가 있어야 긴 겨울을 나는 것이다. 지금이야 도심에서는 석탄도 때고, 기름도 때지만 불과 얼마 전까지만 해도 연료의 대부분은 소똥과 짐승뼈다귀 등이 연료의 대부분이었다. 그런데 왜 유독 소똥인가 하는 것이다.

글쓴이도 풀밭에 가서 소똥, 말똥, 염소 똥을 주어봤다. 말똥은 크기가 어른 주먹보다 작고, 모두 섬유질이라 점성이 약해 마르면서 부서지기 때문에 줍기도 쉽지 않고 설사 줍는다 하더라도 바로 타버리기 때문에 에너지로 사용하기에 어려움이 많다. 그러므로 그 자체로는 연료의 가치가 현저히 떨어진다. 염소 똥은 콩 알만해서 양도 많지 않고 줍기도 어려워 경제적으로 가치가 소똥에 비하여 월등히 떨어진다. 이런 반면에 소똥은 똑같

소똥을 연료로 사용하기 위하여 쌓아 놓았다.

은 풀을 먹고 사는 짐승들인데도 크고, 점성이 높아 마르면서 딱딱하게 굳어 버린다. 크기도 너비가 10~20cm 정도가 대부분이다. 그렇게 때문에 줍기도 편하고 점성이 강해 충분히 저장도 가능하다. 뿐만 아니라 연료로 사용해도 다른 것보다 불씨가 오래 보존되기 때문에 척박한 지역에서 연료로 쓰기에는 가장 우수한 것이 되는 셈이다. 그러므로 몽골 사람들은 소들의 뒤를 쫓아다니면서 소똥을 충분히 싸놔야 혹독한 겨울을 나는 것이다. 그래서 몽골에서는 겔 옆에 소똥을 싸놓고 그 똥을 보고 사람들은 흡족해 하는 것이다.

식량이야 한 사람당 양 몇 마리만 잡으면 겨울을 나지만 이 소똥이 없으면 죽은 목숨인 것이다. 혼자 죽는 것이 아니라 가족 전체가 다 몰살 할 수도 있는 것이다. 그러므로 몽골 초원에서는 소똥은 소고기보다 더 중요한 연료의 공급원인 셈이다.

# 10. 초 적

사람을 괴롭히는 적들은 여러 가지 형태가 있다. 산에 웅크리고 앉아서 지나가는 사람들을 털어 먹는 나쁜 놈들을 산적이라 하고, 바다에서 배타고 다니면서 그런 짓을 하는 놈들을 해적이라 한다. 이들은 활동무대가 숨어 있기 좋은 산이나 바다의 으슥한 곳을 근거지로 활용하여 남을 괴롭혀 먹고 사는 놈들이다.

몽골은 장거리 여행을 할 때 차량을 한 대로 가면 매우 위험하다. 그래서 적어도 두세대가 같이 움직여야 무슨 문제가 생겼을 때 대책이 가능하다. 달리다가 타이어가 빵구가 나는 것은 늘 있는 일이고, 잔 고장으로 차가 멈춰서는 것 역시 다반사이다. 그러므로 이들은 늘 그런 대비를 하기 위

초적들의 은신처

하여 팀을 이루어 다닌다. 그래서 몽골 여비가 비싸다. 이들은 항상 무전기를 달고 서로 교신해가면서 소통을 해가며 이동한다.

그런데 어느 날 다리강가에서 출발하여 여러 군데를 돌면서 초이발산으로 가는 길이었다. 우리 일행은 중간 차량이었는데 앞차에서 다급한 무전이 왔다. 풀밭에 누가 있으니 차를 세우라고 해도 세우지 말고 빨리 달리는 것이었다. 앞차의 지시대로 빠른 속도로 달리는데 지척지척한 땅에 풀이 무성하게 자랐는데 거기에서 몇 사람이 총을 들고 차를 세우는 것이었다. 처음에는 몽골 군인이나 아니면 이 근처에서 짐승 사냥을 하는 사냥꾼으로 생각을 했다. 차를 빠르게 달려 한참을 지나 우리 일행들이 한곳에 모였다. 내려서 얘기를 들어 보니 밤이 되면 풀밭에 숨어서 지나는 행인들을 털어 먹고 사는 도둑들이다. 이들에게 잡히면 대개 쓸만한 물건들은 다 빼앗기고 죽음을 당한다고 한다. 죽여서 들판에 버리면 짐승들이 와서 다 먹어치우기 때문에 흔적도 없다는 것이다.

그냥 하기 편한 말이라 그런지 스스럼없이 하는 말이지만 듣기조차 거북했다. 그래도 하는 말이니 듣고 이 들판에 강도들을 뭐라 분류해야 하나 하고 생각해봤다. 바다의 강도들은 해적, 산에 강도들은 산적, 그럼 저들은 뭔가! 야적(野賊)? 아니면 초적(草賊)? 다시 차에 올라 밤길을 달리면서 곰곰이 생각해봤다. 오늘 하루도 한목숨 내놓고 몽골을 달리고 있었구나 하는 생각이 들었다.

# 11. 칭기즈칸의 고향

'몽골'이라는 말과 '칭기즈칸'이라는 말은 같은 등급이다. 칭기즈칸 안에

울란바타르 근교의 칭기즈칸상

몽골이 있고, 몽골을 대표하는 것은 칭기즈칸이기 때문이다. 최근 들어 몽골공화국은 이런 칭기즈칸을 역사적으로 찾기 시작하였고, 될 수 있는 대로 칭기즈칸을 중심으로 몽골 국민들을 뭉치게 하고 있다. 즉 지금 몽골은 칭기즈칸 민족주의로 몽골공화국 내의 여러 민족들을 단결시키고 미래에 대한 희망을 꿈꾸고 있는 것이다. 이런 몽골의 정책은 성공을 거두는 것으로 보인다.

울란바타르시에서 나와 동쪽으로 오는 길에 거대한 은빛 말이 동쪽으로 바라보며 웅장하게 서 있다. 이 조형물이 만들어진 것은 최근의 일인데, 이것이 만들어지는 과정은 몽골공화국의 아픈 과거가 있다. 그 과거를 몇 줄 정리해보면 다음과 같다.

만주족이 산해관을 넘어 명을 무너뜨리고 청나라를 세울 때 몽골족과 협력하여 세우는데 그 대가로 청나라 황제는 그 비로 몽골족 여자를 맞이

하였는데 그 대표적인 황후가 다르곤이었다. 이렇게 두 민족간의 결합은 표면적으로는 이어져 갔으나 내면적으로는 점점 곪아가서 급기야는 만주 족이 몽골족의 제거 작업에 돌입하였다. 그 방법 중에 하나가 라마 승려들 에게 '초야권'이라는 동아시아 사회에서 전대미문의 더러운 특권을 주었다. 그런데 더 큰 문제는 이 라마 승려들에게 성병을 감염시키고, 이 성병 감염 자들을 결혼 첫날 신부들과 동침을 하게 한 것이다.

그 결과 몽골족은 급격히 감소하였고 거의 씨가 말라가는 판이었다. 그 런데 1920년대 러시아가 몽골을 지배하면서 새로운 치료제로 많은 성병환 자들을 치료하여 말 그대로 구사일생으로 몽골족은 기사회생하게 된 것이 다. 그러면서 동시에 러시아는 중국과 협의하여 현재 몽골족들의 활동지역 을 분할하여 남쪽은 중국 쪽에 속하게 하여, 중국이름으로 내몽고 자치구 로 만들고, 그 북쪽은 몽골공화국으로 나라를 만들어 러시아가 통치를 하 였다. 이것만도 비극인데 더 큰 문제는 러시아 사람들은 몽골의 역사와 민 족성을 모두 없애려고 한 것이다. 그래서 문자도 러시아 문자인 키릴 문자 를 쓰도록 하였다. 뿐만 아니라 몽골의 역사는 연구하지도 가르치지도 않 았다. 그러기를 60여년 몽골은 그저 초원과 양, 말 등과 미지의 세계로 남 아 있었던 것이다. 그러다가 1990년대 소비에트연방이 해체되면서 몽골은 정치적으로 독립을 하게 되었다.

그러면서 그들은 현재 과거에 처절하게 입은 상처를 치료하고 있는 중 이다. 다시 문자도 찾고, 역사도 찾고자 노력을 하고 있는데, 그들은 뭔가 중심을 잡고 그들을 바로 세우기 위하여 당연히 칭기즈칸을 중심으로 뭉치 기 시작한 것이었다. 몽골 어디를 가든 큰 도시에는 칭기즈칸의 업적과 관 련 시설을 만들어 민족심과 애국심을 고취하고 있다. 그 대표적인 몇 가지 실례가 울란바타르 시내 공원의 칭기즈칸 상, 그리고 울란바타르 시내를 벗어나 헹티아이막으로 가는 길에 세운 이 거대한 은빛 칭기즈칸 상, 그리고 그의 고향을 성역화는 작업 등이 여기에 속할 것이다. 이런 몽골정부의 노력은 곳곳에서 몽골인들의 그들의 위대한 과거를 되살리기 위한 단결된 힘을 발휘하며 성과를 보고 있다.

현대 몽골에서는 그들의 역사 찾기에 많은 노력을 하고 있었다. 누군가가 나에게 건넨 간단한 몽골역사 소개를 보니 사마천의 『사기』의 흉노열전에 기록된 흉노가 그들의 조상이라고 소개하고 있었다. 물론 글쓴이가 아는 바로는 몽골의 조상이 흉노는 아닌 것으로 판단되나 이 문제는 복잡한 문제가 있으므로 여기서는 구체적으로 다루지 않기로 한다. 그저 지금 몽골사람들이 생각하는 그들의 조상인 흉노를 우리는 흉노라고 부르지만 몽골사람들은 '훈뉴'라고 부른다. 이 '훈뉴'의 뜻은 따뜻한 사람들이라는 뜻이었다. 우리는 흉노라는 말은 '뮬란'이라는 만화영화의 영향으로 아주 흉측한 사람이라는 선입견을 가지고 있었는데 따뜻한 사람들이라는 말에 조금은 반성이 되었다.

각설하고 답사단은 몽골 동부지역을 돌고 돌아 헹티아이막에서 오논강이 흐르는 빈데르 마을에 있는 칭기즈칸의 고향을 찾아 갔다. 오후 해질 무렵 도착을 하였는데, 너무 의아한 환경이 펼쳐져 있다. 숲이 우거지고, 호수가 있고, 붉은 낙랑장송이 쭉쭉 뻗어 올라간 그 모습을 보면서 여태껏 다니던 몽골 모습과는 너무 달랐다. 아니 이곳은 몽골의 상상을 다 뛰어 넘어버리는 그런 상황이었다. 이틀을 묶으며 이곳저곳을 답사하였다. 그런데 내 눈에 들어오는 것은 이 지역이 다른 지역과 비하여 유독 물이 많다는 것이었다. 야트막한 산도 있고 사방을 둘러 볼 수 있는 높은 산도 있고 그렇다고 벌판이 없는 것도 아니었다. 내가 돌아다녀본 몽골의 자연환경 중 가장 훌륭한 지역이었다. 특히 소나무는 어디를 가도 보기 힘든 나무라는 것

칭기즈칸의 고향 빈데르 마을에 있는 소나무들

이다.

칭기즈칸의 고향이라 그런지 이튿날 뜨는 아침 해는 다른 지역보다 더더욱 힘차게 떠오르는 것 같았다. 간단히 아침을 먹고 칭기즈칸 관련 유적을 둘러보았다. 칭기즈칸이 숨어 있던 곳, 물마시던 곳, 놀던 곳, 등등 그럴만한 곳에는 곳곳이 정리되어 있었다. 갖가지 의미를 부여한 곳에서 기념사진을 한 장씩 찍고 오후에 그곳에서 울란바타르로 출발하였다. 돌아오면서 주변 환경을 둘러보았는데 어려서 읽었던 칭기즈칸 전기와는 전혀 다른 환경이었다. 무엇보다 다른 몽골지역보다 사람들이 살기 좋은 곳이었는데, 가장 중요한 것은 빈데르 마을에는 오논강이 흐르고 있고 크든 작든 작은 오논간의 지류들이 있어 가뭄을 충분히 견딜 수 있는 곳이라는 것이다. 이 지역에 터전을 잡고 있으면 아무리 극한 상황도 견딜 수 있는 곳이라는 것이다. 그렇다면 칭기즈칸이 성공할 수 있는 이유는 바로 다음과 같은 이유가 아닐까 하는 것이다.

몽골초원에 가뭄이 들었다. 그것도 긴 기간에 걸쳐 가뭄이 들었다. 이때 사람들은 물을 찾아 사방으로 헤매면서 헹티아이막 어디에 물이 있다는 말을 들었다. 사람들은 그곳으로 몰려들었다. 열 명, 스무 명, 그리고 어떤 사람들은 더 큰 집단을 이루며! 그런데 그곳에는 이미 칭기즈칸의 일족들이 살고 있었고, 그들은 이미 큰 세력이었다. 이 큰 세력들은 주변에서 몰려드는 작은 세력들을 규합하여 점점 더 큰 세력으로 커졌고, 결국 이들은 절친 자무카의 허리를 꺾은 다음 칭기즈칸은 드디어 칸 중의 칸으로 나게 되는 것이다.

이런 나의 판단이 맞는 다면 칭기즈칸의 성공은 자연환경을 활용하여 주변 부족들을 모으면서 성공의 길로 들어간 것이다. 칭기즈칸의 자연환경을 활용한 성공은 다양한 방면에서 세계사의 변곡점이 되었고, 불멸의 영웅 반열에 올랐고, 오늘날 많은 학자들은 긍정적으로 그에 관한 많은 연구들을 진행하고 있다. ―물론 칭기즈칸의 성공은 우리 고려시대에 처절한 고통을 당했고, 그 후유증은 지금도 앓고 있다― 훗날 수많은 역사가들의 연구대상이 되었으며 현재는 지워질 뻔 했던 몽골족이 다시 살아나는 원동력이 되었다. 한 인간으로 대단한 성공을 거둔 실례이다. 그러나 그가 인류 역사에서 어떤 긍정적인 영향을 끼쳤나는 다른 문제다.

핍박받던 몽골족이 다시금 기운을 차리고 국제사회에서 당당한 대접을 받고 사는 것에 대해서는 적극 지지를 한다. 그러나 그는 인류 전쟁사상 가장 많은 사람들이 죽은 전쟁을 끊임없이 시도했는데 어떤 연구에 의하면 남송지역은 약 30%가 죽었다는 연구도 있을 정도로 많은 사람들을 죽였다는 다는 것이다. 이렇게 많은 사람을 죽인 칭기즈칸이 어떻게 영웅으로 불리는지 아이러니하다. 사람을 한 사람 죽이면 살인범이지만 많이 죽이면 영웅이라는 것인지 교과서에 충실한 교육으로 사는 사람들에게는 판단이 제대로 되지 않는 칭기즈칸이 영웅이라는 것이다. 이 몽골군에게 우리 고려도 깨질 때로 깨졌다. 이것 역시 잊으면 안 된다. 다시 한 번 우리 민족을 건드리면 이제는 이 지구상에서 몽골족들의 DNA는 땅속에서나 찾을 수 있도록 할 것이다.


# 12. 부이르 호수


몽골공화국 동쪽 변방에는 몽골과 중국에 걸쳐 있는 호수가 있는데 몽골 말로는 브이로 호수라 하고, 중국에서는 호룬패이 호수라고 한다. 그 호수의 깊이는 어느 정도 인지 잘 모르나 넓기는 넓다. 아마도 몽골초원에서

**부이르 호수** 저녁에 도착할 무렵에는 바람이 많이 불어 파도가 쳤는데, 호텔에서 짐 정리하고 나오니 잔잔해졌다. 몽골의 바람이 이렇다.

가장 큰 호수가 아닌가 싶다. 몇 일을 돌아다니다가 파도가 치는 호수를 보니 바다라는 착각을 할 정도로 넓었다. 한국인의 정서상 호수든 바다든 파도가 이는 물은 좋은 느낌이다. 그 호숫가를 차로 달리는데 파도 높이가 꽤 되는 것을 볼 수 있었다. 참 시원한 느낌이고, 왠지 오랜만에 사람 사는 모습 같았다.

호수에 멀지 않은 호텔에 여장을 풀고 바로 호수로 가봤다. 호수는 언제 그랬냐는 식으로 잔잔해졌고 그 호수 위로 제비들이 날고 있었다. 참 신기했는데, 무엇보다도 호수 절벽에 벌집 모양들의 작은 구멍들이 파여져 있는데 모두가 제비집들이었다. 그 많은 제비집에서 제비들이 나와 날라 다니니 하늘이 모두 검은 점들이다. 흡사 한국이나 일본의 들판에 까마귀떼가 날아다니는 모습과 흡사하다면 이해가 빠를 것이다. 기실 까마귀떼들보

부이르 호수가의 제비집

다 제비 떼가 더 많았는데, 여러 모로 장관이었다.

물을 본지라 옷을 벗고 물속으로 들어갔다. 물의 온도가 이외로 따뜻하다. 한국에서 생각하는 통상적인 생각에 따라 물속으로 계속 걸어 들어가는데 이 물의 높이가 아무리 가도 허리에 다다라지 못하고 있는 것이다. 뭐 이런 호수가 있나 하는 생각을 하면서 그래도 한 3, 4분을 더 들어갔다. 물의 깊이는 그래도 허리에 다다라지 못했다. 이런 모습이 한동안 지속되자 다시 돌아 나오면서 내 허리가 높구나 하면서 돌아 나왔다. 돌아 나오다 보니 발에서 뭐가 자꾸 걸렸다. 뭔가 보니 조개들이었다. 말조개라는 조개인데 어려서 동네 저수지에서 많이 잡았던 조개들과 같았는데 저녁에 먹을 생각으로 몇 개 주워들고 나왔다.

호수에서 나와 몸을 씻어도 지워지지 않는 냄새를 향수로 생각하고 호텔로 돌아와 다시 씻고 저녁을 먹으로 갔다. 저녁을 시키는데 식당 주인이

부이르 호수에서 주은 작은 조개껍데기

메뉴판을 가지고 나와 이것저것 설명을 하는데, 그들을 말을 알아들을 수가 없어 대충 짐작 가는 뜻으로 동의를 하고, 주인이 마지막으로 다시 한번 사진을 보여주며 이것을 시킨다고 하고 -그것은 조개 구이였다. 국제통용어인 영어로 서툴게 몇 마디 하였는데, 영어를 하는 나나 만족한 것이지, 그 식당 주인은 무슨 말인지 알아듣지도 못하고 고개를 갸우뚱 하고 돌아갔다. - 서로 나눈 얘기를 정리하자면 조개구이를 시키는데 몇 개를 시킬 것인지? 나는 한사람 당 한 마리씩 이라고 답을 했고, 주인은 그 대답에 고개를 갸우뚱하고 간 것이다.

어쨌든 오랜만에 양고기가 아닌 조개구이로 배를 불릴 심산으로 주린 배를 참아가면서 한참동안을 호수주변을 맴돌았다. 참 길고 긴 시간이 지났다. 고픈 배를 한 시간 이상 참는다는 것은 성격이 급한 사람들은 여간 고통이 아니다. 주인의 힘찬 목소리를 듣고 식당으로 가서 앉았는데, 뭔가 이상했다. 우리가 아니 정확하게 내가 시킨 조개구이를 보니, 이 조개들이 도대체 몇 백년을 자란 것인지, 아니면 누가 약을 타서 불렸는지 작은 소반만한 크기였다. 소반만한 조개가 기름에 널 부러져서 나를 기다리고 있었다. 이것을 어떻게 먹어야 하나, 식당 주인이 배급해준 칼 한 자루와 포크로는 감당이 안 될 듯하였다. 이것은 톱으로 썰어야지 나이프 어쩌구 하는 칼로는 작업이 안 되는 분위기였다. 쳐다보고, 또 쳐다봐도 감당이 안 되는 분위기였다. 이 분위기에서 포도주를 곁들여서 뭐 하는 분위기는 완전히 이 신기함에 다 날아가 버렸다. 보는 것만으로 배부름을 대신하고 이 조개들에 대한 얘기를 들었다.

몽골사람들은 조개를 좋아하지 않는다. 그래서 호수 안에 조개들이 많다는 것이다. 간혹 외국인(한국인, 중국인, 일본인 들이 주로 임)들이 찾아서 잡아서 요리를 하는데, 대개 한 마리를 가지고 세 사람 정도가 배부르게 먹을 수 있다는 것이다. 그러면서 벽에 걸린 박제를 한 조개를 보았다. 헉! 조개가 어떻게 저렇게 클 수가 있지? 큰 것은 길이가 약 1m는 되는 것 같았다. 크기 차례대로 벽에다 붙여 놓았는데 한 20cm 정도 되는 것이 가장 작은 것이고, 내가 주문한 것은 거의 50cm 정도 되는 크기였다. 이런 상황인데 나는 그런 사정을 모르고 각 1마리를 시킨 것이다. 이런 상황은 상상이

부리아트족 할머니

부리아트족 어린이

부르이 호수에 있는 호텔

필요할 것 같다.

이래저래 조개구이는 눈으로 감상하면서 칼로 한번 찔러 보는 것으로 배부르게 끝이 났다. 몽골 사람들이 조개에 맛들이면 브루이 호수의 조개는 10cm 짜리도 남아 있지 않을 거라는 생각을 하면서 브루이호에서 깊은 밤을 맞이하고 있었다. 호텔에서 오랜만에 짐을 정리하고 있는데 어느 짐 속에 숨어들었던 한국인의 위대한 발명품인 커피믹스가 삐죽 얼굴을 내밀었다. 이렇게 반가울 줄이야! 한 봉다리씩 컵에 타서 그윽하게 한잔씩 음미하면서 행복감에 젖어 있었다.

호텔주인이 우리를 반갑게 맞아 주었다. 그러면서 아주 먼 옛날 고구려 사람들이 이곳에서 살다가 북쪽 어디론가 갔다는 전설을 얘기해 주었다. 그리고 그 후 동쪽에서 온 사람들도 여기서 머물다가 북쪽 어디론가 가버렸다는 것이다. 혹시 그들이 부리아트족이 아닌가 생각이 들었다. 그러면서 오는 길에 할인골의 주몽 석인상이 있었던 것이 생각이 났다. 고구려 시조 주몽의 석인상이 여기에 왜 있었는지 알 듯도 했다. 그런저런 얘기를 듣다가 바깥바람을 쐬이고자 밖으로 나왔다.

오랜만에 휴식을 취해서인지 하늘도 쳐다봤다. 별이 총총히 떠 있다. 이렇게 예쁜 별들을 볼 수 있다는 것이 신기롭고 누군가에서 감사를 드리고 싶었다. 하늘을 쳐다 보니 그 총총한 별들 중 가끔 지구를 향하여 돌진하다가 어디론가 다 사라져 버렸다. 많은 사람들이 몽골의 밤은 비 오듯 별들이 쏟아진다고 하였는데 그건 전혀 사실이 아니다. 몽골의 별도 한국하늘의 별처럼 가끔 떨어진다. 그렇게 브루이 호수의 짧은 밤은 붉게 밝아오고 있었다. 붉게 타오르는 동쪽 하늘을 바라보면서 잠자리에 들었다.


# 13. 몽골의 기억

7월의 몽골 초원은 아름답다. 몽골초원은 대부분 구릉성이지만 어느 곳은 일망무제의 초원도 있다. 이런 일망무제의 초원을 속에 있으면 우리의 생각은 어떻게 될까? 달리던 차를 세우고 그 일망무제의 초원에서 숨을 쉬어 보고 사방을 둘러보았다. 그런데 일망무제의 초원은 말 그대로 끝없이 보는 것이 아니었고 끝없이 내 눈에 들어오는 것이 아니었다. 어느 지점인가에서 내 시야는 어느 한계를 정하고 있었다. 너무 넓어서 인지 스스로 내가 나의 한계를 정하고 있는 것을 발견하였다. 아마도 내 의식 속에 나의 한계를 아는 것이다. 이런 나의 한계 속에도 몽골은 언제 형성되었을지 모르는 원시의 신비들을 그대로 간직한 곳들이 곳곳에 있었다. 그런데 이런 태초의 신비를 그대로 간직하고 있는 곳은 대부분이 지금의 자연환경으로

▲ 실링호트산에서 바라본 화산분화구 흔적 / ▲▲ 몽골 초원의 저녁 노을

몽골 초원에서 한가로이 풀을 뜯고 있는 낙타떼들

는 사람이 살수 없는 곳들이었다. 그렇기 때문에 사람들이 들어가지 않았기 때문에 남아 있었던 것이다.

글쓴이가 답사하고 조사한 지역은 몽골 동부지역이다. 이곳은 드넓은 초원이 펼쳐진 곳으로 어느 곳을 달리다 보면 드문드문 돌을 쌓은 무덤들도 보이고, 간혹 강물이 흐르는 곳에 작은 도시들도 있었다. 그러나 대부분이 초원으로 짐승들에게 풀을 뜯기며 풀 뜯은 짐승들로 사람들은 삶을 이어나간다. 양고기를 먹고, 양가죽으로 이불을 덮고, 이 가죽들을 모아 겔을 만들어 집을 짓고 살아간다.

그들은 늘 짐승들에게 먹여야 할 풀을 찾는 것이 중요한 일이기 때문에 여러 사람들이 같이 살면 풀밭을 찾기가 어려워서 인지 집단을 형성하여 살지 않고 한 가족이 중심이 되어 살고, 짐승들이 풀을 다 뜯어 먹으면 풀이 있는 어디론가 떠난다. 그렇다고 생면부지의 땅으로 가는 것 같지는 않

초원의 겔(200쪽 상단에 넣어주세요)

고 그 언저리를 돌고 도는 방식으로 보인다. 우리는 저 푸른 초원이 누가 임자가 있겠나 하는 생각도 하겠지만 절대 그렇지는 않았다. 그들만의 방식으로 서로 겹치지 않게 조정을 하고 살았다.

이러저런 이유로 그들은 홀로 사는게 몸에 배였다. 그래서 옆에 누군가 나쁜 일을 당했다 하더라도 서로 상관할 일이 아니었다. 이런 습성 때문에 많은 사람들이 서로의 도움을 받지 못해 불귀의 혼이 된 사람들이 많아 몽골 정부에서는 법으로 다른 사람을 돕지 않으면 처벌하는 법을 만들었다고 한다. 예를 들면 눈 내리는 겨울에 어느 사람이 눈길에 쓰러졌는데, 다른 지나가던 사람이 쓰러진 사람을 방치하고 그대로 지날 경우 지나온 사람을 찾아 살인죄에 버금가는 죄로 처벌을 한다고 한다. 잘했다 잘못했다 판단할 일은 아니지만 분명한 것은 몽골 사람들의 의식구조는 알 수 있는 법이었다. 글쓴이도 몽골에서 어려운 일을 당했는데 몽골사람들로부터 도움을

이동 중 식사하는 모습

초원 이동 중 이런 숙박은 지금도 흔히 있다.

받지 못한 경험이 있다.

그렇지만 그들은 사람들을 그리워한다. 그래서인지 늘상 보던 사람이던 낯선 사람이던 사람이 오면 반갑게 맞이한다. 뿐만 아니라 가족들이 짐승을 몰고 풀밭으로 나가면 겔은 텅텅 비어 있지만 이렇게 집을 비워놓고 나가더라도 지나던 길손이 목이 말라 이 겔에 들어오면 언제든지 마실 물과

지금도 몽골은 말이 중요한 교통수단이다.

**늑대굴** 지금도 이런 굴들이 간혹 있다.

간단한 요기 거리는 준비를 해두고 있다는 것이다. 주인이 있든 없는 길손
이 찾아서 먹고 마시고 그리고 고맙다는 표식을 하고 떠나면 그만이다. 그
렇기 때문에 이렇게 인적 드문 곳에서 길거리에서 굶어 죽는 사람은 없다.
그런데 간혹 나쁜 놈들도 있기는 있는 모양인데 사람을 죽이기도 한다지만
이런 놈들도 여자와 아이들에게는 해를 끼치지 않는다고 한다. 사람에게
해코지하는 자체가 나쁜 놈들이지만 그래도 아이들과 여자들을 건들이지
않는다니 불행 중 다행이라는 생각이 들었다.

지금이야 차로 달리니 하루면 어디로 간다는 예측이 가능하지만 말을
타고 다니던 시절은 절대로 그렇지 않았을 것으로 보인다. 아니 지금도 이
동을 하다가 길에서 끼니를 때우기가 다반사이고, 잠자리 역시 들판에서
허리를 펴는 것 역시 흔한 일이다.

그런데 옛날로 돌아가면 어떨까 하는 것이다. 차를 타고 두 시간이면 갈

**허럭** 몽골의 귀한 음식- 돌 찜이라고 할까?

길을 말은 하루가 걸려서 달린다. 그렇다면 한곳에서 한곳으로 이동을 하는데 차로 하루를 갈 거리라면 말로는 4일 정도는 걸리는 것이다. 그것도 아주 빨리 달리는 말이 그렇고, 대부분은 그보다 더 걸릴 것이다.

옛날로 돌아가서 말을 타고 한 200Km 떨어져 살고 있는 어느 친구를 찾아 간다고 가정을 해보자. 친구를 만나러, 혹은 무슨 일이 생겨서 먼 길을 가야 한다면 단단한 준비를 하고 가야한다. 가는 길에 혼자서 들판에서 먹고, 자고, 늑대를 만날 수도 있고, 초적을 만날 수도 있고, 돌풍이 불어 눈에 뭐가 들어가면 앞을 보지 못하여 길을 잃고 조난을 당할 수도 있는 등 여러 가지 비상상황을 대비하고 가야하는 것이다. 집으로 돌아가는 길도 그럴 것이다. 즉 목숨을 걸고 친구 만나러 가는 것이다.

그렇게 위험을 무릅쓰고 몇 날을 걸쳐 친구 집에 도착을 했다. 친구를 맞이하는 사람은 얼마나 반갑겠나! 우리들도 어려서 먼데서 손님이 오시면

영문도 모르고 즐거웠던 것처럼 먼 길을 찾아온 친구가 얼마나 반갑겠나! 손님을 맞은 친구야 양 한 마리는 당연히 잡았을 테고, 글쓴이는 도저히 마시지 못했던 마유주에 그들은 흠뻑 취했으리라. 그리고 지금은 없어졌지만 자기 부인을 친구와 같이 하루 저녁을 보낼 수 있는 배려를 했다고 한다. 우리는 그런 문화를 욕할지는 모르지만 내가 겪어본 몽골에서는 충분히 그럴 수 있겠다는 생각이 들었다.

왜냐하면 친구가 나를 찾아 온 길은 목숨을 걸고 온 길이었다. 그런 위험한 길을 달려서 온 친구는 나의 같은 사람이라는 생각이 들었을 것이다. 그리고 그에 가족들도 그런 생각이 들었을 것이다. 목숨을 걸고 온 친구에게 자기의 명예를 걸고 보답을 하는 문화로 이해되었다.

참고로 이런 문화를 야만적이고 여성을 성노리개로 취급한 다고 생각하는 사람도 있을 것이다. 그러나 이것은 몽골문화를 몰라서 그런 오해를 하는 것이다. 몽골은 여성중심 사회이기 때문에 어머니가 누구인가가 중요하지 아버지가 누구인가는 별로 중요하지 않다. 그러므로 남편이 부인을 노리개로 취급을 하였다고 보면 절대 안 된다. 지금은 이런 풍습은 사라졌다.

몽골의 서북부지방에서는 많은 서한(西漢)시기 무덤들이 발견되었다. 물론 이런 무덤이 존재하는 것은 반드시 몽골의 서북부 지방은 아니고 남부 지역도 있고, 중부 지역에도 있고, 동부 지역에도 간혹 있지만 수흐바타르 다리강가 지역이나 그 동쪽에서는 발견되지 않고 있다. 뿐만 아니라 서부 지역에서는 거의 발견되지 않고 있다. 이런 무덤들이 발견되는 지역을 보면 다른 문화 유적들이 발견되곤 한다. 이런 유적 분포를 볼 때 몽골의 고대문화는 지역적으로 확연한 차이가 나고, 이런 차이는 고대 몽골을 한 문화권, 혹은 한민족으로 보기는 어렵다는 것을 알 수 있다. 그런데 왜 중북부 지역과 서북부 지역에서 이런 무덤들이 많이 발견될까? 그 이유는 물이

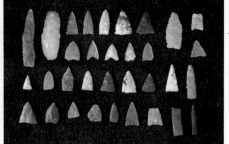

살림살이들

많이 있기 때문이다. 그 지역은 무슨 이유인지 아주 오래전부터 지금까지 다른 지역에 비하여 물이 많았기 때문에 사람들이 많이 살았고 그 흔적이 지금도 많이 남아 있는 것이다.

그렇다면 몽골의 동남부 지역은 어떨까? 지역적으로 남쪽이고 기온도 북쪽보다 따뜻한 것이 사실인데 중부나 서북부지역보다 문화유적들이 없는 것이다. 아니 훨씬 적을 뿐만 아니라 그 규모에서도 훨씬 적다. 그 원인은 날씨는 비교적 따뜻한데 비가 오지 않기 때문이다. 비라는 것이 가끔 오기는 하는데 말 그대로 지나가는 비이다. 그렇기 때문에 생물들의 생장에 큰 영향을 주지 못한다. 그렇기 때문에 너른 초원만 형성되는 것이다. 이런 초원은 몽골공화국에서 끝나는 것이 아니라 남쪽으로 이어져 중국 내몽고 자치구 동중부 지역까지 이어져, 중국 하북성과 산서성 북쪽 경계선인 대청산까지 이어지고 있는 것이다. 이 지역까지는 거의 문화 공백지대로 남아 있다. 그런데 간혹 지금 말하는 지역에서 고대의 유물들이 간혹 발견되기도 한다. 그 대표적인 것이 다리강가 지역에서 우리 조사단 들이 찾은 채도이다. 이 채도는 당지에서 만들어 진 것은 아니었고, 어디서 들어 온 것이었다.

그 제조지역의 추적해본 결과 다리강가 지역에서 남쪽으로 내려가면 중국 내몽고 자치구 지역의 집녕(集寧)에 이른다. 이 집녕(集寧) 지역에는 지금으로 부터 5천여년 전에 '묘자구문화'라는 문화가 발전한다. 이 문화에서 만들어진 그릇이었던 것이다. 이 그릇들이 어떻게 다리강가 지역으로 왔을까? 이 그릇들이 발견된 지역에서는 농사를 지었던 흔적들이 확인되었다. 대부분 북방사람들은 농사를 짓지 않는데 이곳에서 농사를 지은 흔적이 확인된 것이다. 그렇다면 상식적으로 생각해볼 때 북방사람들이 농사를 지은 것이 아니라 남방 사람들 즉 집녕지역 사람들이 올라가 농사를 지은 것으로 봐야 하는 것이다. 그들이 농사를 지으며 사용했던 살림살이였던 것이다.

즉 집녕지역에서 살던 자연환경이 조성되었기 올라온 것이라는 것이다. 그렇기 때문에 그들은 올라와 간단한 그릇을 만들고 농사도 짓고, 생활을 했던 것이다. 그런 흔적 중 하나가 그릇들인데 이 그릇들은 땔 나무가 없으면 만들지 못하는데, 이런 나무들이 존재했다는 것은 바로 일정량의 강수량이 존재했다고 보면 큰 무리가 없다. 즉 지금으로부터 5000여년 전 이곳에서는 지금보다 더 많은 눈, 비가 내렸던 것이다. 그렇기 때문에 생존이 가능했던 것이다. 그러다가 다시 가뭄이 드는 시기에 들어가면 북방으로 올라갔던 사람들은 다시 남쪽으로 내려오거나 혹은 물을 찾아 다른 곳으로 이동을 하는 것이다. 이런 흔적은 몽골 곳곳에 남아 있는데 대부분 돌을 사용한 무덤 유적들이고 그것이 오늘날 우리에게 연구대상으로 남아 있는 것이다.

어느 곳이나 그렇지만 몽골도 물이 흘렀던 곳에는 여러 시기의 유적들이 겹쳐져 있다. 그런 이유는 물이 풍부해지면 사람들이 모여들었다가 물이 없어지면 다시 흩어지기 때문에 모였을 때 흔적들이 무덤으로 남아 있는 것들이다. 그런데 이 무덤들을 보면 거의 파괴가 되지 않고 남아 있는 것들이 많다. 이것은 무슨 이유일까?

대부분 한곳에서 오래 생활을 하면 앞선 시기에 만들어진 건축물들은 대부분 부서지는데, 간헐적으로 나타나면 다른 앞선 시기 것을 손대지 않고 그대로 두는 경우도 많다. 아마도 미지의 세계에 대한 두려움 때문일 것이다. 몽골의 유적들은 대부분 후자에 속한다. 그러므로 그 무덤들의 부장품들의 연대를 알면 어느 시기에 비가 왔는지 알 수 있다. 몇 번에 걸쳐 조사를 다녀가면서 알 수 있었던 것은 전 몽골에서 사람들이 살았던 것이 확인된다는 것이다. 다만 많고 적고, 그리고 계속 이어지고, 이어지지 않고의 차이다. 이런 사람들의 주거 환경은 자연에 예속되었기 때문에 자연환경이 사람들이 살 수 있는 환경이면 사는 거고, 그렇지 않으면 떠나는 것이다. 그렇지만 사람들이 떠날 때 모두 떠나지는 않는다. 물과 연료를 봤을 때 생존이 가능한 사람 수만 남고 어디론가 떠나는 것이다. 그리고 어느 세월에 다시 다른 사람들이 그곳으로 들어오기도 하고, 혹은 종족번식으로 인구가 늘어날 수 있으면 더더욱 좋은 일이 될 것이다. 이렇게 자연 현상에 의하여 오늘날 몽골은 다양한 사람들이 존재하는 것이구나 하는 생각이 들었다. 결국 사람은 자연의 지배를 받는 것이었다.

이런 자연의 변화 때문에 역사에서는 몽골이 잊혀있었던 것이다. 상업경제나 농업경제를 하는 사람들보다는 워낙 척박한 땅이다 보니 사람들의 관심에서 잊힌 것이다. 만약에 인구라고 많아 구매력이라도 높았으면 교역의 대상지역으로 많은 기록을 남겼을 것이다. 그러나 인구가 적기 때문에 구매력도 높지 않아 주변 사람들에게 특별한 존재로 부각되지 못한 것이다. 그렇지만 몽골인 들은 그들 나름대로 자연조건을 극복하면서 존재하고 있었다. 때로는 외세의 침입을 받아가면서 때로는 그들이 다른 지역을 침략하면서 그들은 존재하고 있었다. 다만 이름이 바뀌었을 뿐이다. 오늘날 중국이라는 나라가 수시로 나라 이름이 바뀌었어도 그들의 역사는 중국의 남아 있는 것처럼 말이다.

몽골은 드넓은 초원이 펼쳐진 곳으로 어느 곳을 달리다 보면 간혹 강물이 흐르는 곳에 작은 도시들도 있었다. 그러나 대부분이 초원으로 짐승들에게 풀을 뜯기며 풀 뜯은 짐승들로 사람들은 삶을 이어나간다. 양고기를 먹고, 양가죽으로 이불을 덮고, 이 가죽들을 모아 겔을 만들어 집을 짓고 살아간다. 그 부근에 드문드문 돌을 쌓은 무덤들도 보이기도 한다. 이렇게 멀리서 가끔 보이는 돌무지들이 언제부터 시작되었는지 모를 몽골의 숨결로 느껴졌다. 그런 몽골의 숨결은 같이 돌을 중시하는 동북아시아 여러 민족들과 어떤 공통의 공감대가 형성되어 있었지 않았을까 하는 생각도 해 본다.

브리아트건, 흉노건, 아니면 돌궐이건, 몽골이건, 원나라건 간에 바람 부는 그 땅에서 그들은 나름 평화롭게 살았던 민족들이다. 그런 몽골을 그들도 잊었고, 주변국 사람들도 잊었던 것이다. 이제는 몽골이 바람의 제국이 아니라 그들의 이름으로 연구가 돼야 되고 또 인식되어야 할 것이다.

칭기즈칸 이전의 몽골은 잘 모르겠다. 하지만 칭기즈칸 이후의 몽골은 원으로 북원으로 청나라의 구성원으로, 지금의 몽골 공화국으로 이어지고 있다는 것이다. 앞으로도 영원할 것이다.

몽골사는 그렇게 이해되어야 한다.

그리고 어쩌면 몽골 공화국 내의 몽골족은 우리 한민족과 공통의 사유 체계가 있을지도 모른다.